누구나
쉽고 재미있게

사고력 수학

노크

C5
(10~11세)

연산

이 책을 보시는 부모님들께

머리가 좋아야 수학을 잘 한다는 말이 있습니다. 또, 수학을 잘 못하는 아이는 아빠, 엄마의 머리를 물려받아서 그렇다는 등의 난데없는 유전자 논쟁이 벌어지기도 합니다. 하지만 많은 사람들의 일반적인 생각과는 달리 이는 근거없는 이야기입니다. 외국의 한 연구 기관에서 언어, 사회, 수학, 과학의 네 가지 분야 중 어떤 것이 아동의 선천적 재능에 영향을 받는지 조사한 연구 결과를 발표했는데 일반적인 예상과는 다르게 선천적 재능에 영향을 받는 순서는 사회, 언어, 과학, 수학 순이었습니다. 다시 말해, 수학은 여러 학문 분야 중 선천적인 재능보다는 후천적인 환경이나 교육자, 학습자의 노력에 가장 큰 영향을 받는 학문이라 볼 수 있습니다. 수학의 가장 기본이 되는 '수 영역'의 예를 들어 보겠습니다. 아이들이 수를 처음 접하는 시기의 차이는 있지만 실제 수에 대한 감각과 수를 다루는 연습은 생활 속에서의 체험이나 다양한 활동, 학습 속에서 이루어집니다. 즉, 수학의 가장 기본이 되는 수는 선천적으로 가진 재능과는 거의 연관이 없으며 자라나면서 어떤 환경에 놓이는지, 얼마나 많이 수를 생각할 수 있는 기회가 있는지, 나이에 맞는 올바른 학습을 만날 수 있는지에 좌우됩니다. 그러므로 아이의 수학적 발달에 문제가 있다면, 그 아이가 누구를 닮아서 그런지, 지능이 떨어지는지를 따질 것이 아니라 수학적 힘을 기를 수 있는 학습 환경을 어떻게 만들어줄 것인가를 고민해야 합니다.

국제영재교육연구소의 랜즐리 소장은 영재의 기준을 마련하기 위해 여러 연구를 시행한 결과, 영재의 공통적인 특징들을 발견하였습니다. 첫째는 115 이상의 지능지수(IQ), 둘째는 창의력(Creativity), 셋째는 동기적 요소라고 부르는 끈질긴 근성과 과제집착력이었습니다. 이들 세 가지 요소 역시 선천적으로 타고 나는 부분도 물론 있겠지만 대부분 후천적인 학습이나 교육 활동을 통해 기를 수 있는 능력이라는 데에 이의를 제기하기는 힘듭니다.

이처럼 수학적 능력은 후천적 학습 환경에 주로 좌우되며, 특히 어린 시절에는 그러한 경향이 더더욱 두드러집니다. 하지만 우리의 아이들을 둘러싼 수학적 환경을 다시 한 번 돌아봅시다. 초등학교를 들어가기 전부터 과도한 학습량과 무의미한 반복 활동, 이후의 수학 학습에 오히려 방해가 될 정도로 무리한 선행 학습 등의 환경은 아이의 수학적 힘을 길러주기보다는 수학에서 가장 중요한 창의적 사고력을 기를 수 있는 기회를 박탈함과 동시에 수학에 대한 흥미를 급속하게 떨어뜨리게 하여 수학으로 문제를 해결하려는 의지, 즉 수학적 동기를 스스로에게 부여하는 것을 불가능하게 만들어 버립니다. 중요한 것은 남들보다 먼저, 그리고 더 많이 수학적 지식을 머리 속에 주입하는 것이 아니라 태어나서부터 누구나 가지고 있는 수학에 대한 관심, 그리고 수학으로 생각하는 힘을 일깨워주는 것입니다.

수학을 잘할 수 있는 힘,

수힉적 잠재력은 이미 여러분 아이들의 머릿 속에 줄곧 있어왔습니다. 단지 어떤 아이는 그것을 찾아내어 드러낼 수 있었고, 어떤 아이는 꼭꼭 숨긴 채 평생 드러나지 않을 뿐입니다. 이러한 수학적 잠재력에 대한 참신한 자극 – 생각을 두드리는 '노크'를 제안하려 합니다. '노크'는 수학적 지식과 스킬만을 무리하게 밀어넣지 않습니다. 왜 수학을 해야 하고, 어떻게 수학으로 가능한지 끊임없이 스스로 생각하게하는 계기로서의 활동이 되려 합니다. 일상으로부터 괴리된 학문으로서의 수학이 아닌, 삶을 살아가며 반드시 키워야 할 논리적, 합리적 사고력을 기를 수 있는 누구에게나 가장 중요한 경쟁력으로서의 수학을 주장합니다. '노크'야말로 새로운 수학 학습의 길을 보여주는 방향타가 될 것입니다.

한 허 조

똑!똑! 사고력 수학
노크의 구성

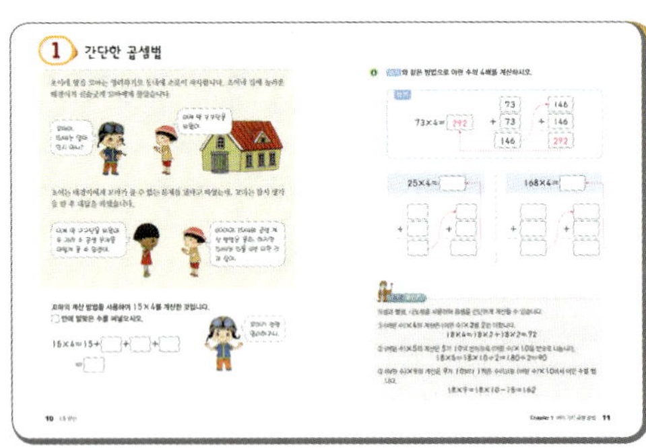

시작 : 생각열기

사고력 수학 주제에 맞는 수학적 상황, 수학사, 생활 속 수학 이야기 등의 자유로운 형식으로 흥미를 유발하고, 수학적 사고를 자극하는 주제별 프롤로그

노크 포인트

문제 해결의 핵심적 원리를 '콕!' 집어서 간결하게 요약한 사고력 수학 주제별 포인트

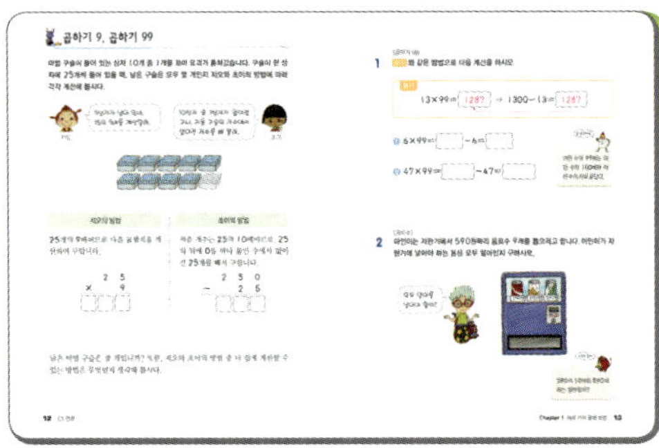

전개 : 유형 탐구

사고력 수학의 대표 유형을 노크만의 새로운 방법으로 차근차근 한 단계씩 익히고 해결하는 단계적 유형 탐구와 이를 통해 익힌 방법적 원리를 적용, 확장하는 확인 문항

수학 요정들의 친절한 충고와 꼬마 요괴들의 밉살스럽지만 유용한 조언으로 어려운 발전 문항의 해결을 돕는 문제 해결 도우미 박스

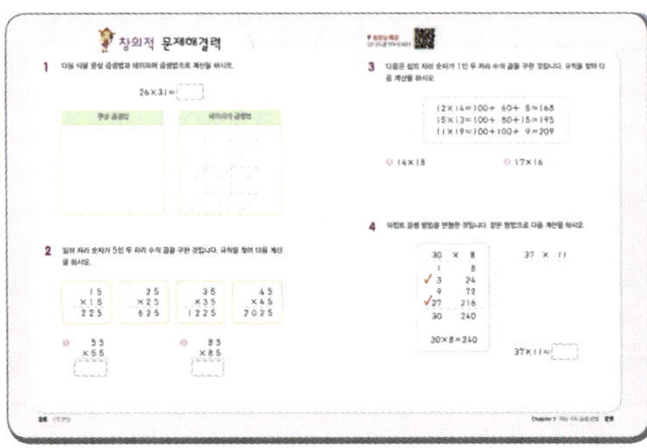

발전 : 창의적 문제해결력

3개의 사고력 수학 주제를 갈무리하는, 한 차원 높은 창의력과 복합적인 사고력을 요구하는 발전 문항의 끝판왕

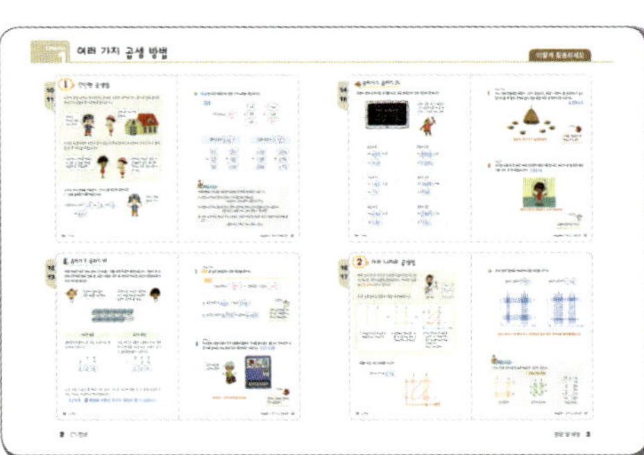

마무리 : 정답 및 해설

본문에 그대로 첨삭된 정답과 간략한 풀이 과정을 통한 사고력 수학 활동 피드백으로 마무리

노크
캐릭터 소개

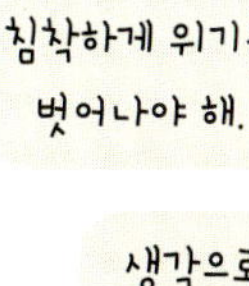

태경
활동파 리더

지오
호기심 공주

초이
조용한 전략가

아인
꼬마 천재

마법사 멀린과 수학 요정

마법사 멀린

노크랜드의 지식이 수호자. 지식을 파괴하려는 대마왕의 음모에 맞서 모험을 떠난 친구들의 든든한 조력자.

아르키메데스

페르마

플라톤

파스칼

피타고라스

가우스

유클리드

오일러

대마왕과 꼬마 요괴

대마왕

노크랜드의 지식의 파괴자. 세계를 차지하기 위해 모든 지식을 없애버리려고 하는 요괴들의 두목.

딴소리

한입

장난

딴짓

멍하니

잠만자

울보

거꾸로

이 책의 **차례**

Chapter 1 — 여러 가지 곱셈 방법

Chapter 2 — 합과 곱

CONTENTS

여러 가지 곱셈 방법

간단한 곱셈법

초이네 옆집 꼬마는 영리하기로 동네에 소문이 자자합니다. 초이네 집에 놀러온 태경이가 심술궂게 꼬마에게 물었습니다.

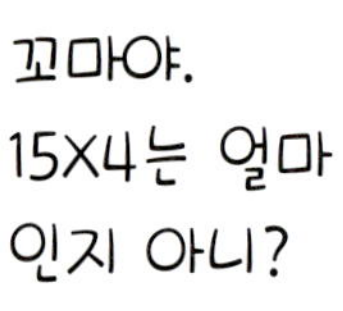

초이는 태경이에게 꼬마가 풀 수 없는 문제를 냈다고 하였는데, 꼬마는 잠시 생각을 한 후 대답을 하였습니다.

꼬마의 계산 방법을 사용하여 15×4를 계산한 것입니다.
☐ 안에 알맞은 수를 써넣으시오.

$$15×4=15+\boxed{}+\boxed{}+\boxed{}$$

$$=\boxed{}$$

 와 같은 방법으로 어떤 수의 4배를 계산하시오.

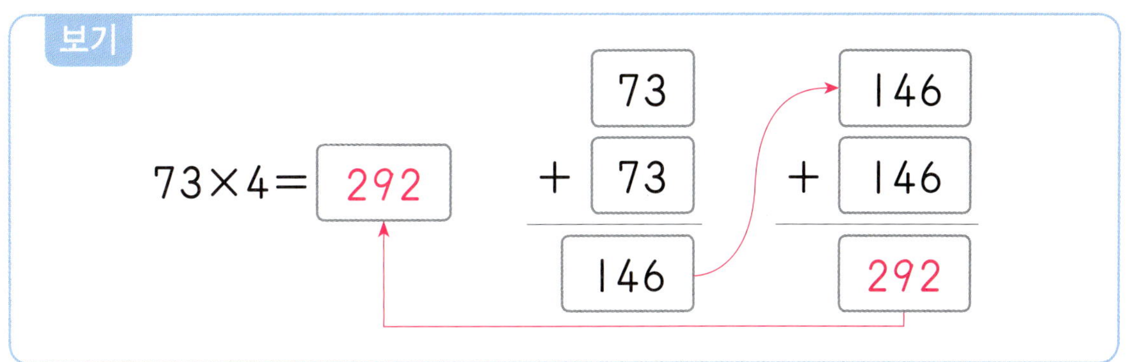

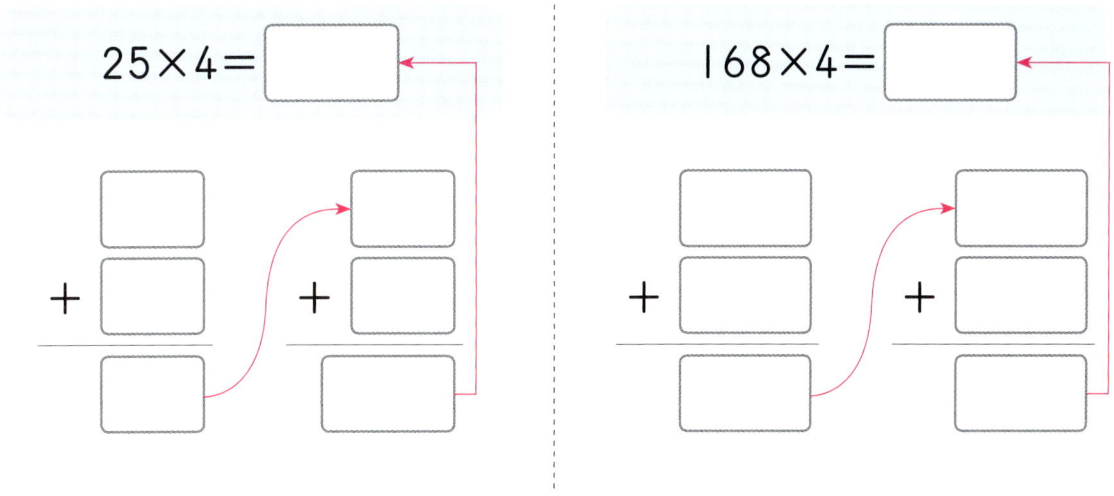

덧셈과 뺄셈, 나눗셈을 사용하여 곱셈을 간단하게 계산할 수 있습니다.

① (어떤 수)×4의 계산은 (어떤 수)×2를 2번 더합니다.
$$18×4=18×2+18×2=72$$

② (어떤 수)×5의 계산은 5가 10의 반이므로 (어떤 수)×10을 반으로 나눕니다.
$$18×5=18×10÷2=180÷2=90$$

③ (어떤 수)×9의 계산은 9가 10보다 1작은 수이므로 (어떤 수)×10에서 어떤 수를 뺍니다.
$$18×9=18×10-18=162$$

곱하기 9, 곱하기 99

마법 구슬이 들어 있는 상자 10개 중 1개를 꼬마 요괴가 훔쳐갔습니다. 구슬이 한 상자에 25개씩 들어 있을 때, 남은 구슬은 모두 몇 개인지 지오와 초이의 방법에 따라 각각 계산해 봅시다.

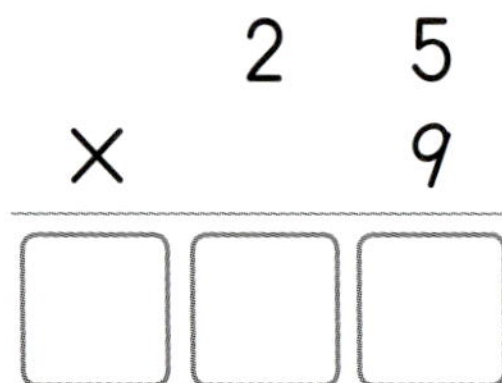

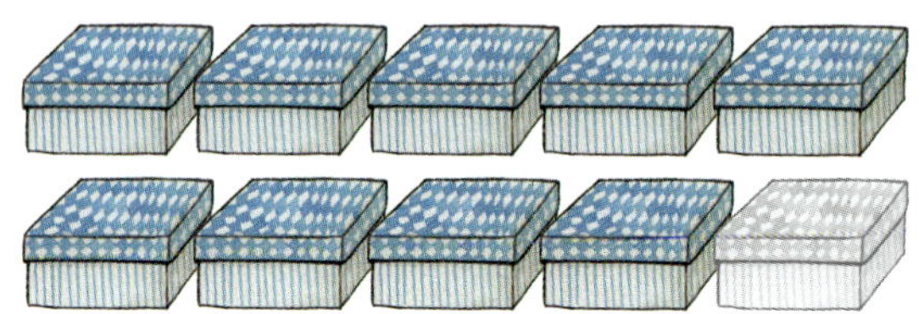

지오의 방법	초이의 방법

지오의 방법

25개의 9배이므로 다음 곱셈식을 계산하여 구합니다.

$$\begin{array}{r} 2\ 5 \\ \times\quad 9 \\ \hline \square\ \square\ \square \end{array}$$

초이의 방법

처음 개수는 25의 10배이므로, 25의 뒤에 0을 하나 붙인 수에서 없어진 25개를 빼서 구합니다.

$$\begin{array}{r} 2\ 5\ 0 \\ -\quad 2\ 5 \\ \hline \square\ \square\ \square \end{array}$$

남은 마법 구슬은 몇 개입니까? 또한, 지오와 초이의 방법 중 더 쉽게 계산할 수 있는 방법은 무엇인지 생각해 봅시다.

1 보기와 같은 방법으로 다음 계산을 하시오.

> **보기**
>
> $$13 \times 99 = \boxed{1287} \rightarrow 1300 - 13 = \boxed{1287}$$

❶ $6 \times 99 = \boxed{} - 6 = \boxed{}$

❷ $47 \times 99 = \boxed{} - 47 = \boxed{}$

어떤 수의 99배는 어떤 수의 100배와 어떤 수의 차와 같단다.

2 아인이는 자판기에서 590원짜리 음료수 9개를 뽑으려고 합니다. 아인이가 자판기에 넣어야 하는 돈은 모두 얼마인지 구하시오.

590의 10배와 590의 차는 얼마일까?

곱하기 5, 곱하기 25

요정의 마법의 계산법 강의를 보고, 같은 방법으로 다음 계산을 해 봅시다.

마법의 계산법 강의!

$48 \times 5 = 480 \div 2 = 240$

$48 \times 25 = 4800 \div 4 = 1200$

62×5

$= \boxed{} \div 2$

$= \boxed{}$

88×25

$= \boxed{} \div 4$

$= \boxed{}$

14×5

$= \boxed{} \div 2$

$= \boxed{}$

36×25

$= \boxed{} \div 4$

$= \boxed{}$

46×5

$= \boxed{} \div 2$

$= \boxed{}$

28×25

$= \boxed{} \div 4$

$= \boxed{}$

1 어느 시골 마을에는 벌집이 10개 있습니다. 벌집 1개마다 벌 86마리가 살고 있다고 할 때 벌집 5개에 살고 있는 벌은 모두 몇 마리인지 구하시오.

÷2를 사용하여 계산하는 게 더 쉽지.

2 초이는 4월 한 달 동안 매일 25번씩 줄넘기를 합니다. 초이가 한 달 동안 줄넘기를 모두 몇 번 하였습니까?

4월은 30일까지 있단다.

옛날 중국의 한 목수가 문살과 문살이 만나는 점의 개수를 세어 곱셈을 하였습니다. 이러한 곱셈을 문살 곱셈이라고 합니다.

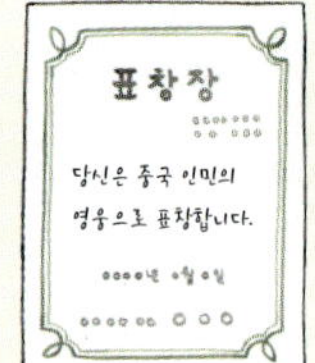

문살 곱셈법으로 23×12를 계산해 봅시다.

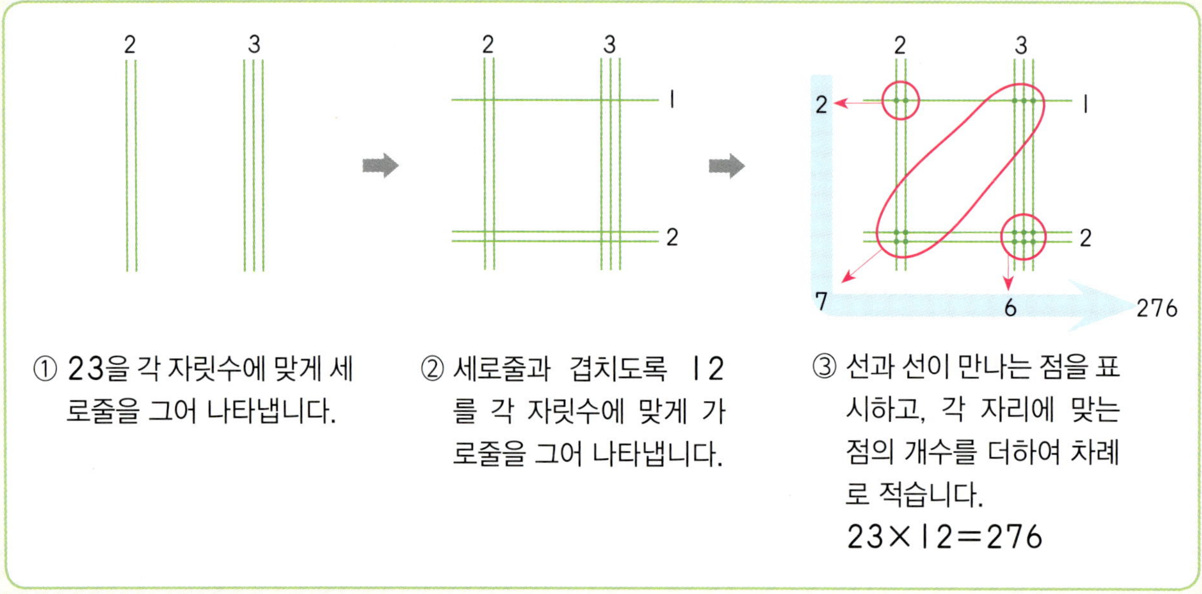

① 23을 각 자릿수에 맞게 세로줄을 그어 나타냅니다.

② 세로줄과 겹치도록 12를 각 자릿수에 맞게 가로줄을 그어 나타냅니다.

③ 선과 선이 만나는 점을 표시하고, 각 자리에 맞는 점의 개수를 더하여 차례로 적습니다.
23×12=276

그림을 보고 계산 결과를 쓰시오.

25×11= ☐

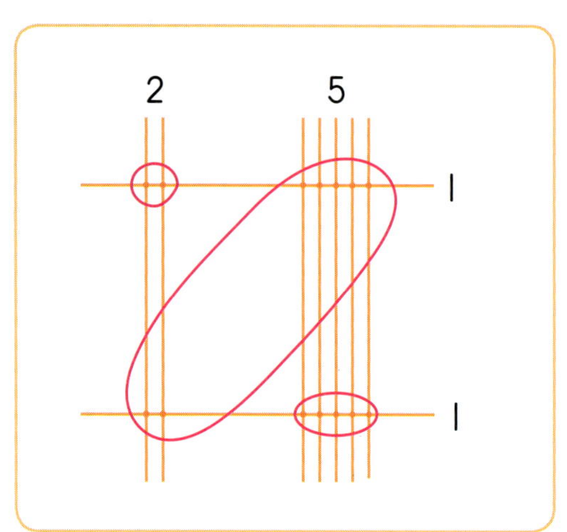

문살 곱셈 방법을 사용하여 다음 계산을 하시오.

$$24 \times 33 = \boxed{}$$ $$54 \times 21 = \boxed{}$$

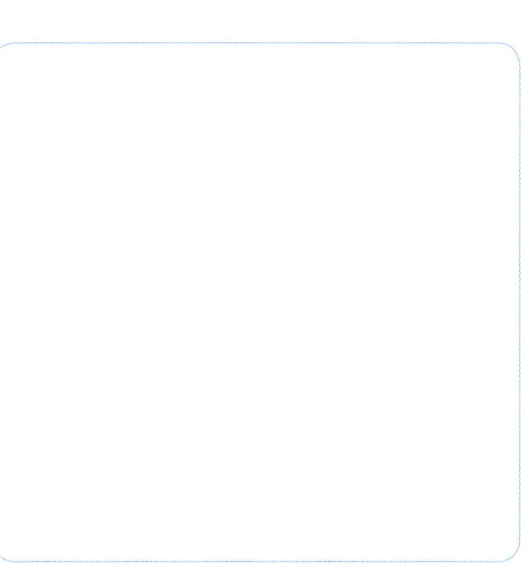

13×14를 여러 나라의 곱셈 방법으로 계산한 것입니다.

$$13 \times 14 = 182$$

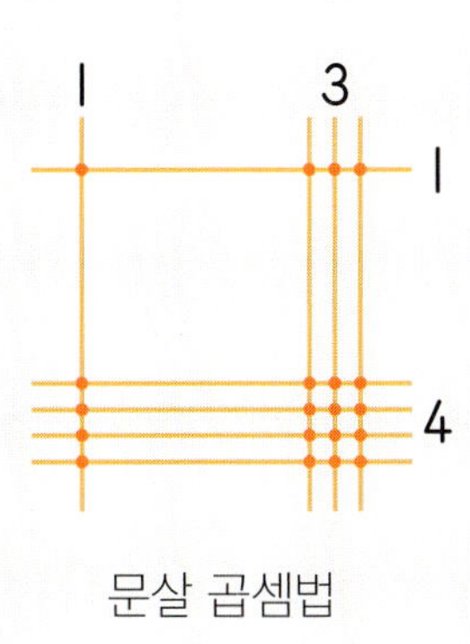

문살 곱셈법   네이피어 곱셈법   이집트 곱셈법

네이피어 곱셈법

Ｉ7세기 영국의 수학자인 네이피어(John Napier)는 다음과 같은 곱셈 방법을 사용하여 계산을 하였습니다.

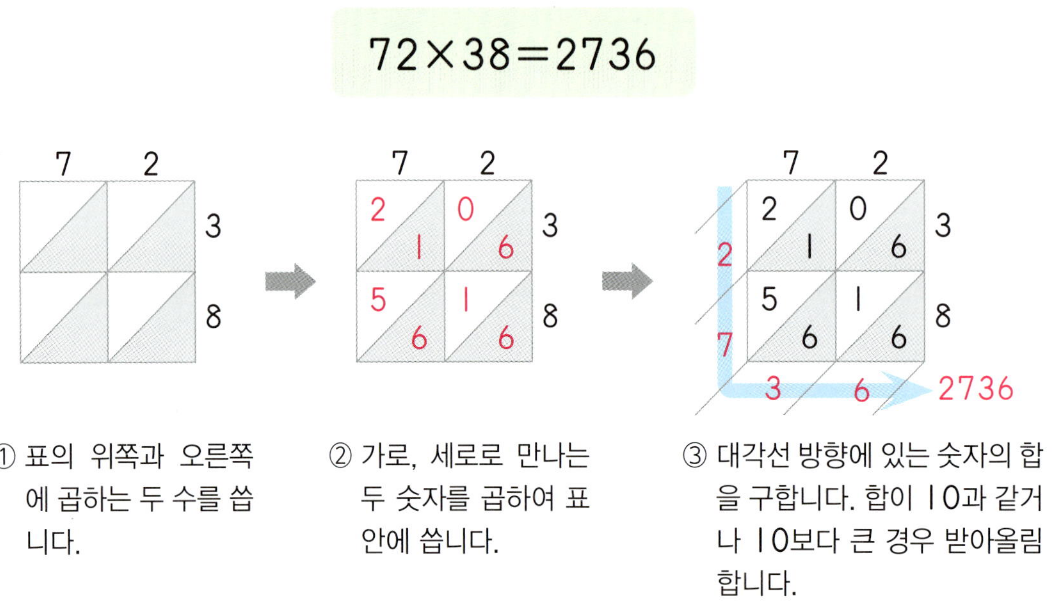

$$72 \times 38 = 2736$$

① 표의 위쪽과 오른쪽에 곱하는 두 수를 씁니다.

② 가로, 세로로 만나는 두 숫자를 곱하여 표 안에 씁니다.

③ 대각선 방향에 있는 숫자의 합을 구합니다. 합이 Ｉ0과 같거나 Ｉ0보다 큰 경우 받아올림합니다.

네이피어 곱셈 방법을 사용하여 다음 계산을 하려고 합니다. 표의 빈 곳과 ◯ 안에 알맞은 수를 쓰고, 곱셈식의 계산 결과를 구해 봅시다.

$$28 \times 64 = \boxed{} \qquad 93 \times 14 = \boxed{}$$

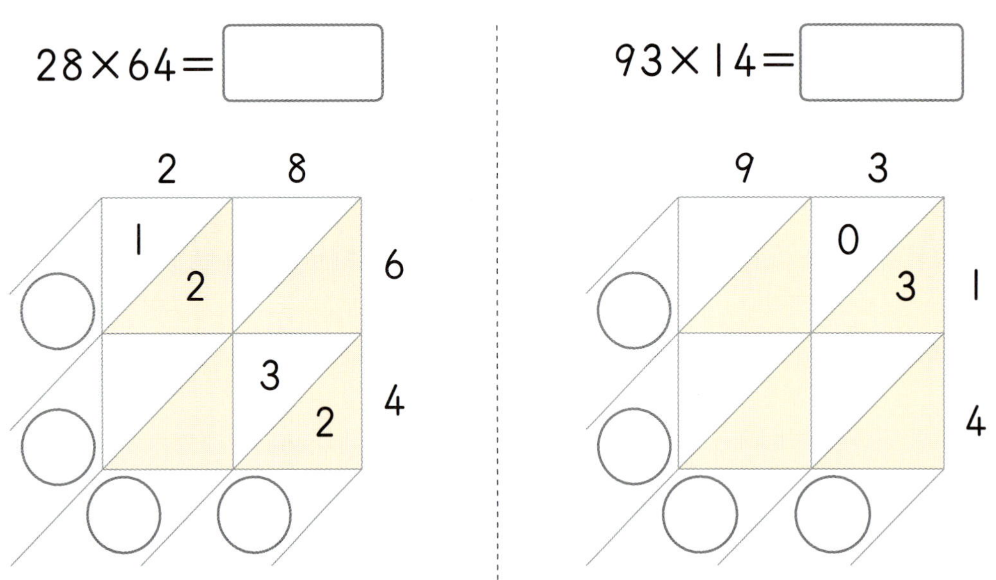

1 네이피어 곱셈 방법을 사용하여 다음 계산을 하시오.

❶ $69 \times 5 =$ 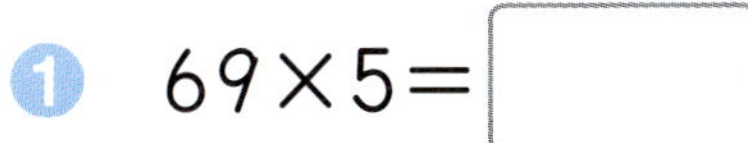

❷ $374 \times 12 =$ 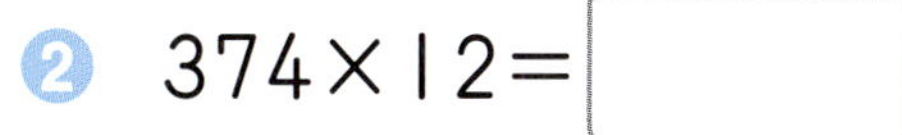

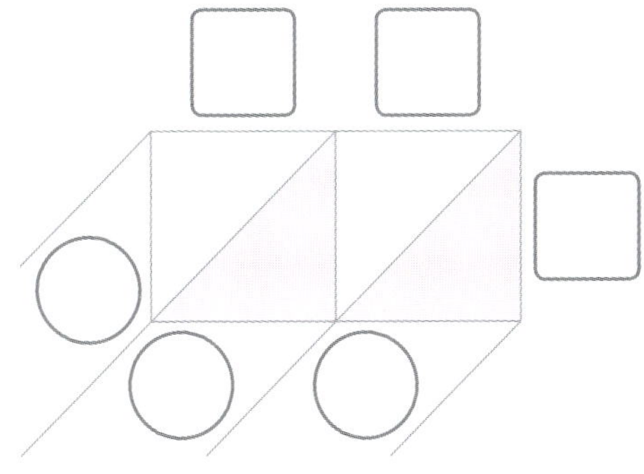

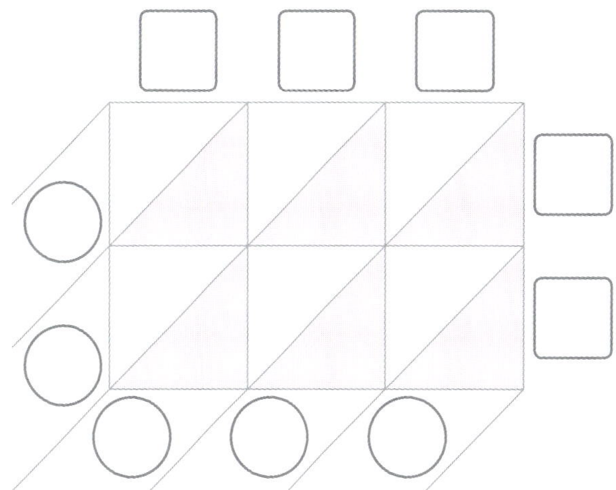

2 네이피어 곱셈표를 완성하고, 곱셈식의 ☐ 안에 알맞은 수를 써넣으시오.

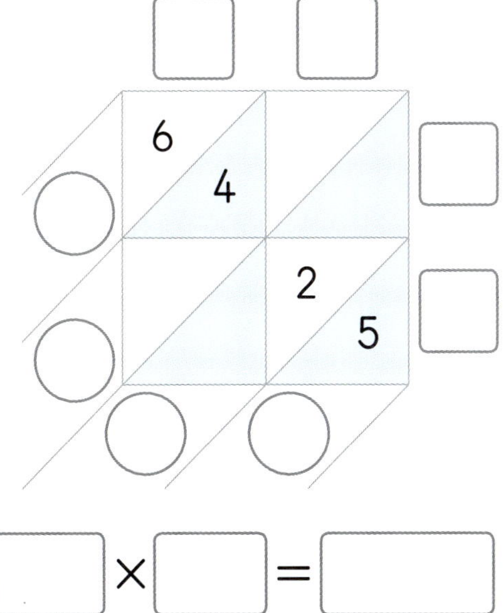

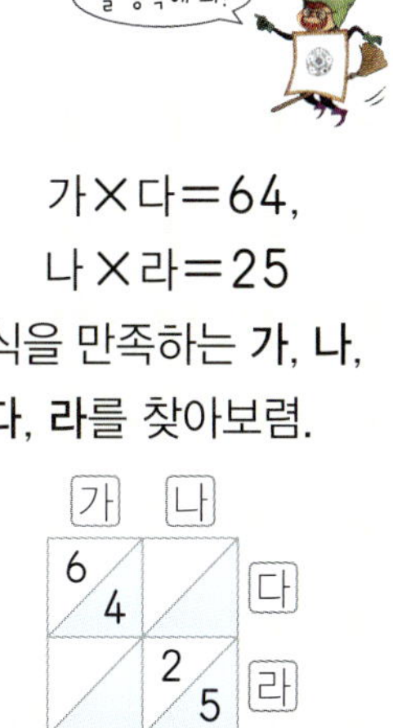

이집트 곱셈법

다음은 고대 이집트의 곱셈법으로 21×26을 계산한 것입니다. 계산 과정을 보고 이집트의 곱셈 방법을 알아봅시다.

❶ 위의 계산에서 왼쪽 수와 오른쪽 수는 각각 1과 26부터 일정한 규칙에 따라 수를 쓴 것입니다. 왼쪽 수와 오른쪽 수를 쓴 규칙을 설명하시오.

❷ 왼쪽 수 중 1, 4, 16에 ✓표 하였습니다. ✓표 한 규칙을 설명하시오.

❸ 표시한 줄의 오른쪽 수를 더하면 곱셈의 결과가 됩니다. 21×26을 계산하여 이집트 곱셈법의 결과와 비교하여 보시오.

$$21 \times 26 = \boxed{}$$

[이집트 곱셈법]

1 고대 이집트 곱셈법을 사용하여 다음 계산을 하시오.

❶ 14×31 = ☐

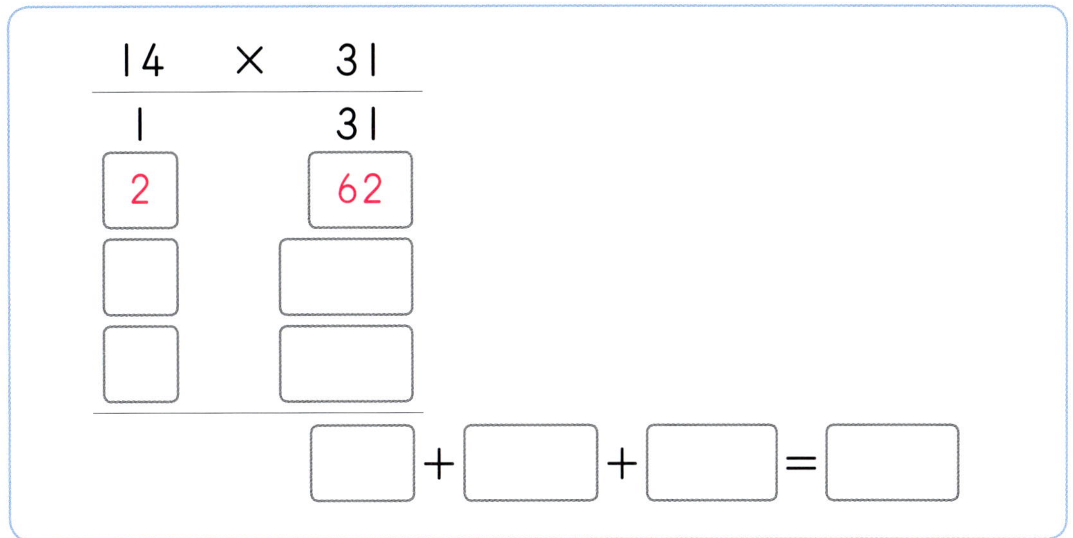

❷ 25×69 = ☐

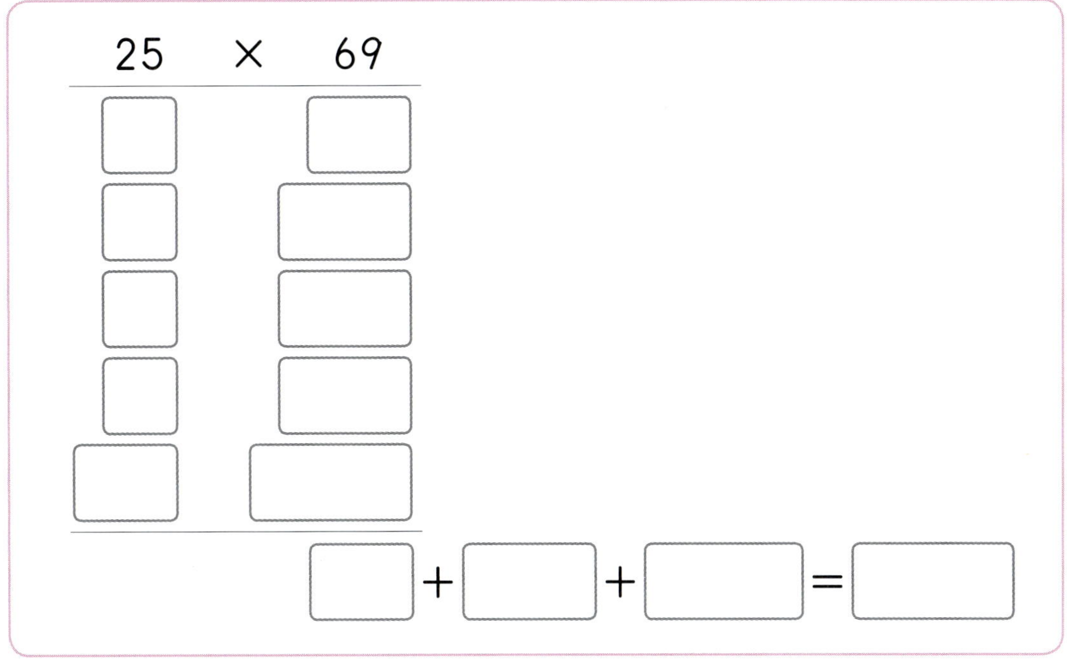

태경이는 다음 계산이 올바른 계산인지 확인해 보려고 합니다.

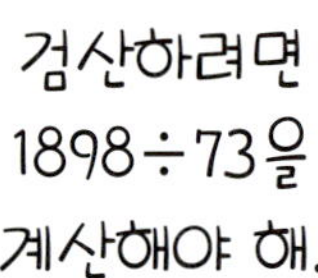

$$73 \times 26 = 1898$$

구거법

$$73 \times 26 = 1898$$

① 주어진 수의 각 자리 숫자의 합을 구합니다. 구한 값이 10보다 크거나 같을 경우 같은 방법으로 더하여 검산 수를 구합니다.

$$73 \rightarrow 7+3=10 \rightarrow 1+0=1$$
$$26 \rightarrow 2+6=8$$
$$1898 \rightarrow 1+8+9+8=26 \rightarrow 2+6=8$$

② ①에서 구한 검산 수를 원래 수와 바꾸어 계산하여 계산한 값이 같으면 올바른 식입니다. 단, 검산 수의 곱이 두 자리 수인 경우 두 숫자의 합을 구합니다.

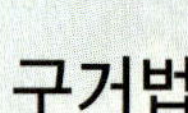

$$73 \times 26 = 1898 \;\Rightarrow\; 1 \times 8 = 8$$

구거법의 검산식($1 \times 8 = 8$)이 올바르므로 73×26은 올바른 식입니다.

구거법으로 검산하여 올바른 식을 모두 찾아 ◯표 하시오.

<table>
<tr><td>

```
  2 3 5
×     9
─────────
2 0 1 5
```

</td><td>

```
    2 5
×   4 3
─────────
1 0 7 5
```

</td><td>

```
    6 8
×   5 7
─────────
3 7 7 6
```

</td></tr>
<tr><td>

```
    4 9
×     7
─────────
  3 4 3
```

</td><td>

```
    8 1
×   2 8
─────────
1 2 6 8
```

</td><td>

```
    1 1
×   6 6
─────────
  7 2 6
```

</td></tr>
</table>

일반적인 곱셈 방법과는 다른 신기한 계산법들은 곱하는 수들의 특징을 이용하여 만들어진 것입니다. 특징이 맞지 않는 곱셈에서는 사용할 수 없으나 특징이 맞는 곱셈의 경우 빠르고 정확하게 계산할 수 있습니다.

일의 자리 숫자가 5이고, 십의 자리 숫자가 같은 두 수의 곱

<table>
<tr><td>

```
      4 5
×     4 5
─────────
    2 2 5
  1 8 0
─────────
  2 0 2 5
```

</td><td>

```
      4 5
×     4 5
─────────
  2 0 2 5
```

① 곱의 끝 두 자리에 25를 씁니다.
② (십의 자리 숫자)×((십의 자리 숫자)＋1)을
　25의 앞에 씁니다.

</td></tr>
</table>

두 자리 수끼리의 곱셈에서 일정한 조건 을 만족하는 경우 간단하게 계산하는 방법이 있습니다.

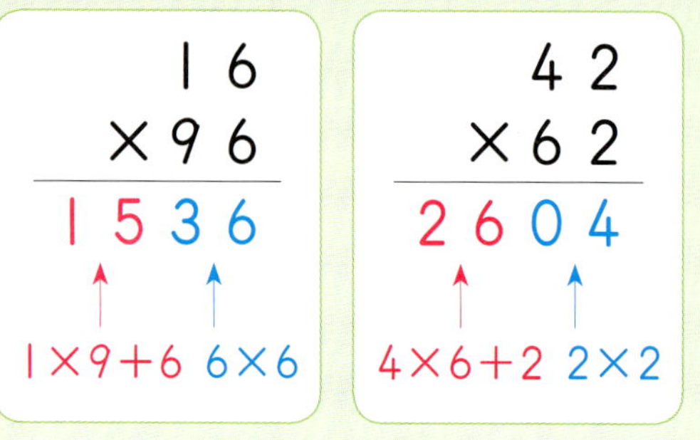

조건1

① 두 수의 십의 자리 숫자가 같습니다.
② 두 수의 일의 자리 숫자의 합이 10 입니다.

$$\begin{array}{r} 3\,8 \\ \times\,3\,2 \\ \hline 1\,2\,1\,6 \end{array}$$

$3\times(3+1)\quad 8\times2$

$$\begin{array}{r} 5\,7 \\ \times\,5\,3 \\ \hline 3\,0\,2\,1 \end{array}$$

$5\times(5+1)\quad 7\times3$

조건2

① 두 수의 십의 자리 숫자의 합이 10 입니다.
② 두 수의 일의 자리 숫자가 같습니다.

$$\begin{array}{r} 1\,6 \\ \times\,9\,6 \\ \hline 1\,5\,3\,6 \end{array}$$

$1\times9+6\quad 6\times6$

$$\begin{array}{r} 4\,2 \\ \times\,6\,2 \\ \hline 2\,6\,0\,4 \end{array}$$

$4\times6+2\quad 2\times2$

다음 두 자리 수끼리의 곱이 어떤 조건을 만족하는지 찾은 다음 알맞은 방법으로 계산해 봅시다.

조건 1 :
$$\begin{array}{r} 8\,9 \\ \times\,8\,1 \\ \hline \end{array}$$

조건 ☐ :
$$\begin{array}{r} 3\,4 \\ \times\,7\,4 \\ \hline \end{array}$$

조건 ☐ :
$$\begin{array}{r} 2\,3 \\ \times\,8\,3 \\ \hline \end{array}$$

조건 ☐ :
$$\begin{array}{r} 9\,6 \\ \times\,9\,4 \\ \hline \end{array}$$

1 90보다 큰 두 자리 수의 곱을 보기 와 같은 방법으로 구하시오.

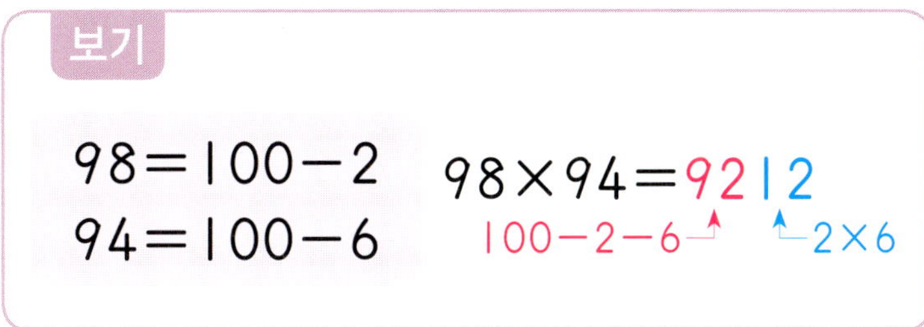

❶ 95×96

❷ 93×99

2 아인이는 일의 자리 숫자가 모두 1인 두 자리 수의 곱을 계산하는 신기한 방법을 공책에 정리하였습니다. 아인이가 정리한 방법을 사용하여 다음 계산을 하시오.

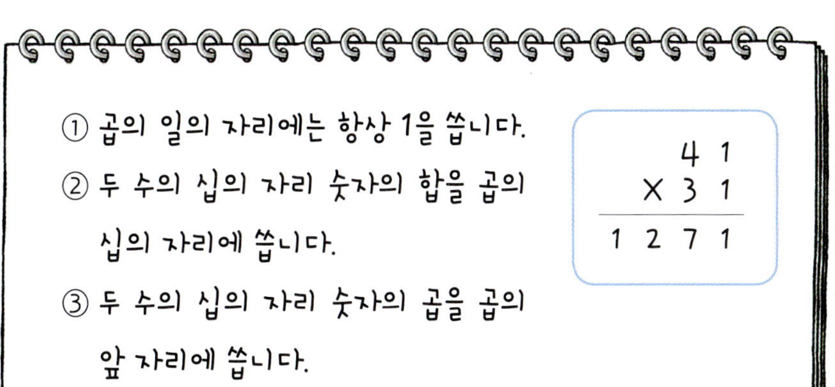

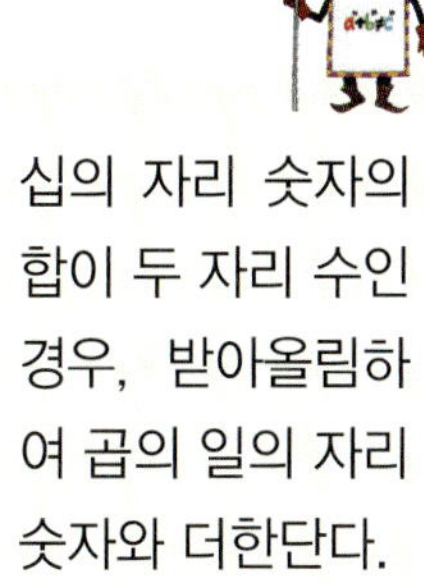

십의 자리 숫자의 합이 두 자리 수인 경우, 받아올림하여 곱의 일의 자리 숫자와 더한단다.

❶
```
   2 1
 × 5 1
```

❷
```
   7 1
 × 8 1
```

받아올림 없는 세로셈

다음은 아인이의 수학 일기 중 신기한 세로셈에 관한 일기입니다.

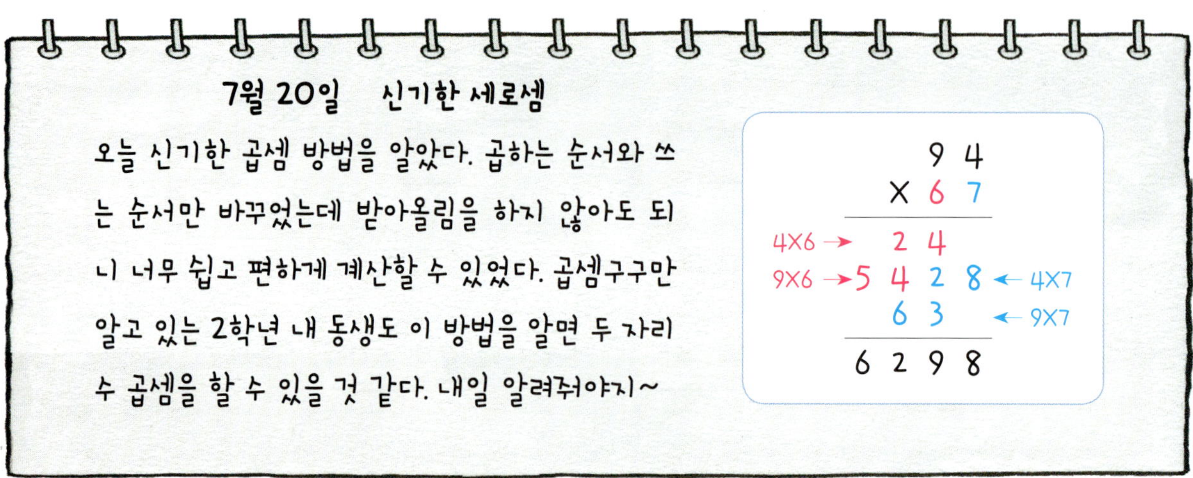

신기한 세로셈 방법을 사용하여 다음 계산을 해 봅시다.

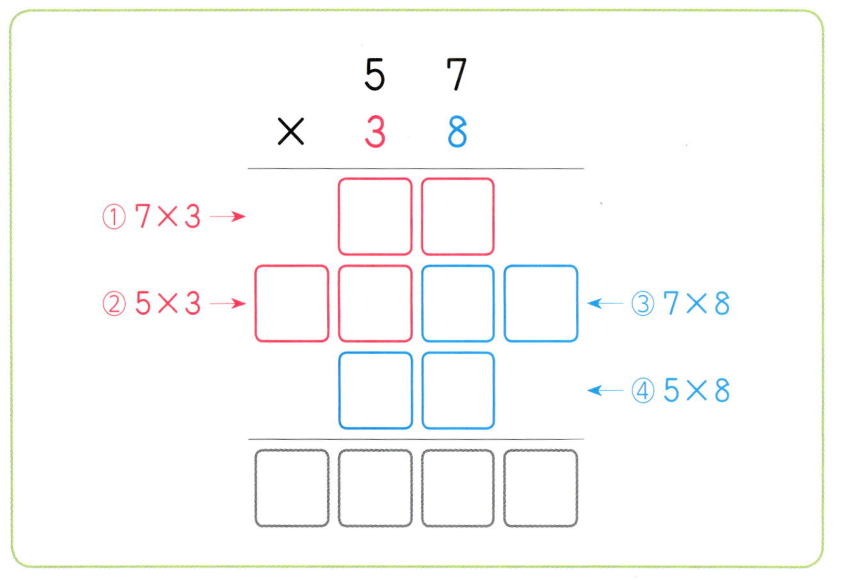

곱하는 순서와 곱을 쓰는 위치만 잘 보면 곱셈이 쉬워진단다.

정답 및 해설

C5
(10~11세)

연산

여러 가지 곱셈 방법

① 간단한 곱셈법

초이네 옆집 꼬마는 영리하기로 동네에 소문이 자자합니다. 초이네 집에 놀러온 태경이가 심술궂게 꼬마에게 물었습니다.

초이는 태경이에게 꼬마가 풀 수 없는 문제를 냈다고 하였는데, 꼬마는 잠시 생각을 한 후 대답을 하였습니다.

꼬마의 계산 방법을 사용하여 15×4를 계산한 것입니다.
□ 안에 알맞은 수를 써넣으시오.

$$15 \times 4 = 15 + \boxed{15} + \boxed{15} + \boxed{15}$$
$$= \boxed{60}$$

---

❶ 보기 와 같은 방법으로 어떤 수의 4배를 계산하시오.

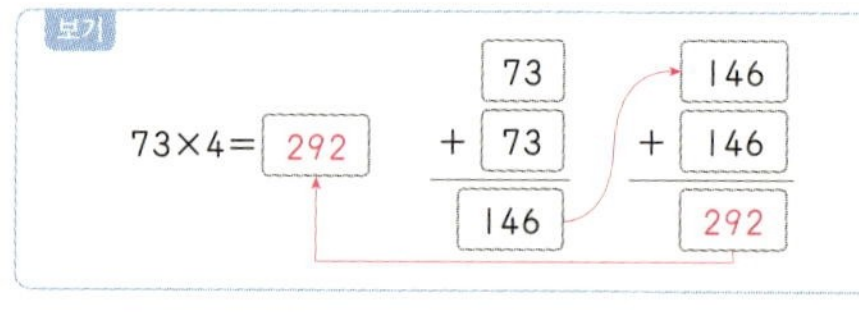

보기

$$73 \times 4 = \boxed{292}$$

73		146
73	+	146
146		292

$$25 \times 4 = \boxed{100}$$

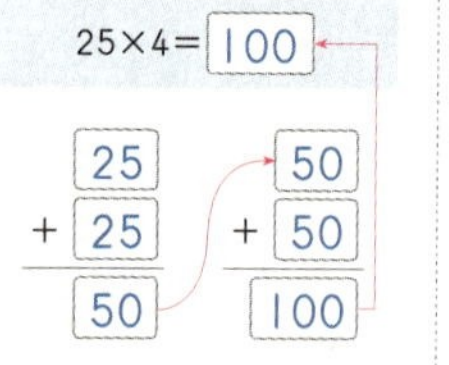

25		50
25	+	50
50		100

$$168 \times 4 = \boxed{672}$$

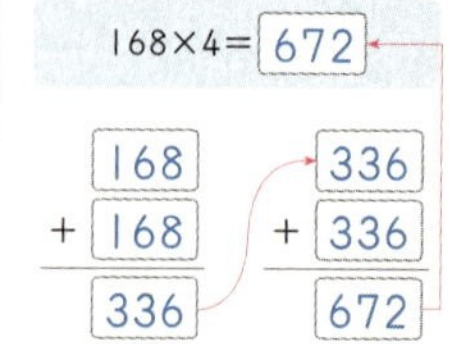

168		336
168	+	336
336		672

도구 포인트

덧셈과 뺄셈, 나눗셈을 사용하여 곱셈을 간단하게 계산할 수 있습니다.

① (어떤 수)×4의 계산은 (어떤 수)×2를 2번 더합니다.
$$18 \times 4 = 18 \times 2 + 18 \times 2 = 72$$

② (어떤 수)×5의 계산은 5가 10의 반이므로 (어떤 수)×10을 반으로 나눕니다.
$$18 \times 5 = 18 \times 10 \div 2 = 180 \div 2 = 90$$

③ (어떤 수)×9의 계산은 9가 10보다 1 작은 수이므로 (어떤 수)×10에서 어떤 수를 뺍니다.
$$18 \times 9 = 18 \times 10 - 18 = 162$$

곱하기 9, 곱하기 99

마법 구슬이 들어 있는 상자 10개 중 1개를 꼬마 요괴가 훔쳐갔습니다. 구슬이 한 상자에 25개씩 들어 있을 때, 남은 구슬은 모두 몇 개인지 지오와 초이의 방법에 따라 각각 계산해 봅시다.

지오의 방법	초이의 방법
25개의 9배이므로 다음 곱셈식을 계산하여 구합니다.	처음 개수는 25의 10배이므로, 25의 뒤에 0을 하나 붙인 수에서 없어진 25개를 빼서 구합니다.

$$\begin{array}{r} 2\ 5 \\ \times \quad 9 \\ \hline \boxed{2\ 2\ 5} \end{array}$$

$$\begin{array}{r} 2\ 5\ 0 \\ -\quad 2\ 5 \\ \hline \boxed{2\ 2\ 5} \end{array}$$

남은 마법 구슬은 몇 개입니까? 또한, 지오와 초이의 방법 중 더 쉽게 계산할 수 있는 방법은 무엇인지 생각해 봅시다.

225개 예 뺄셈을 사용한 초이의 방법이 좀 더 쉽습니다.

[곱하기 99]

1 보기 와 같은 방법으로 다음 계산을 하시오.

보기

$$13 \times 99 = \boxed{1287} \rightarrow 1300 - 13 = \boxed{1287}$$

❶ $6 \times 99 = \boxed{600} - 6 = \boxed{594}$

❷ $47 \times 99 = \boxed{4700} - 47 = \boxed{4653}$

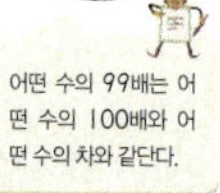

[음료수]

2 아인이는 자판기에서 590원짜리 음료수 9개를 뽑으려고 합니다. 아인이가 자판기에 넣어야 하는 돈은 모두 얼마인지 구하시오. **5310원**

$$5900 - 590 = 5310(원)$$

2　C5 연산

곱하기 5, 곱하기 25

요정의 마법의 계산법 강의를 보고, 같은 방법으로 다음 계산을 해 봅시다.

62×5
= 620 ÷2
= 310

88×25
= 8800 ÷4
= 2200

14×5
= 140 ÷2
= 70

36×25
= 3600 ÷4
= 900

46×5
= 460 ÷2
= 230

28×25
= 2800 ÷4
= 700

[벌집 5개]

1 어느 시골 마을에는 벌집이 10개 있습니다. 벌집 1개마다 벌 86마리가 살고 있다고 할 때 벌집 5개에 살고 있는 벌은 모두 몇 마리인지 구하시오. **430마리**

86×10÷2=430(마리)

[줄넘기]

2 초이는 4월 한 달 동안 매일 25번씩 줄넘기를 합니다. 초이가 한 달 동안 줄넘기를 모두 몇 번 하였습니까? **750개**

30×25=3000÷4=750(개)

4월은 30일까지 있단다.

---

② 여러 나라의 곱셈법

옛날 중국의 한 목수가 문살과 문살이 만나는 집의 개수를 세어 곱셈을 하였습니다. 이러한 곱셈을 **문살 곱셈**이라고 합니다.

문살 곱셈법으로 23×12를 계산해 봅시다.

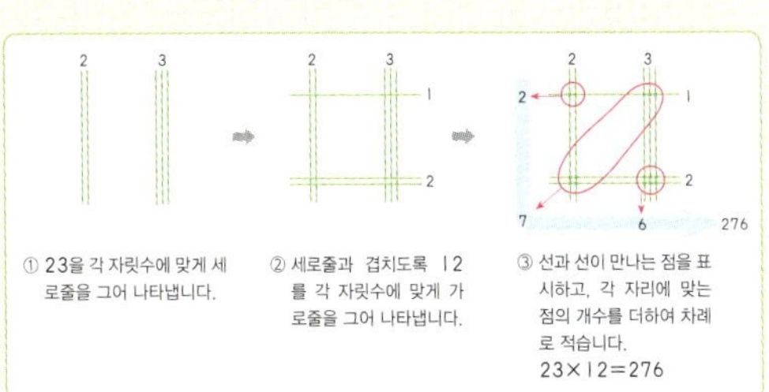

① 23을 각 자릿수에 맞게 세로줄을 그어 나타냅니다.
② 세로줄과 겹치도록 12를 각 자릿수에 맞게 가로줄을 그어 나타냅니다.
③ 선과 선이 만나는 점을 표시하고, 각 자리에 맞는 점의 개수를 더하여 차례로 적습니다.
23×12=276

그림을 보고 계산 결과를 쓰시오.

25×11= 275

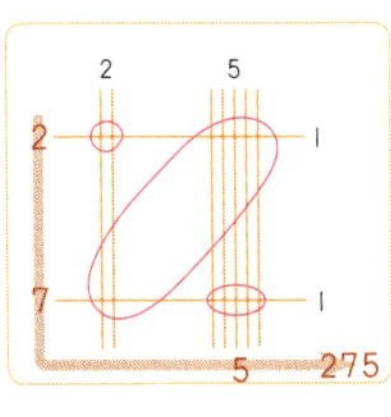

🟢 문살 곱셈 방법을 사용하여 다음 계산을 하시오.

24×33= 792   54×21= 1134

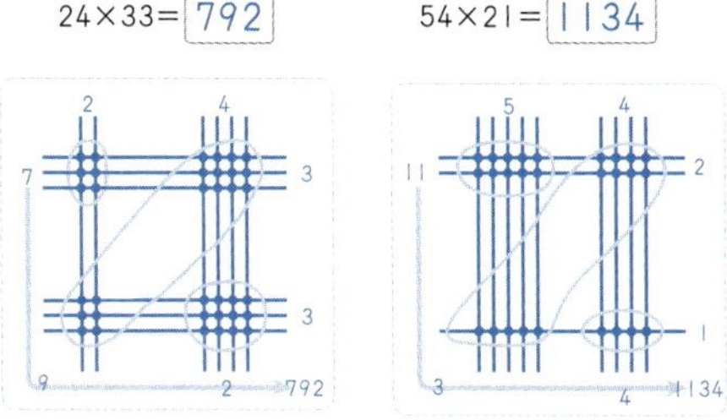

점의 개수가 10개이거나 10개보다 많은 경우 윗자리로 받아올림합니다.

네트워크 포인트

13×14를 여러 나라의 곱셈 방법으로 계산한 것입니다.

13×14=182

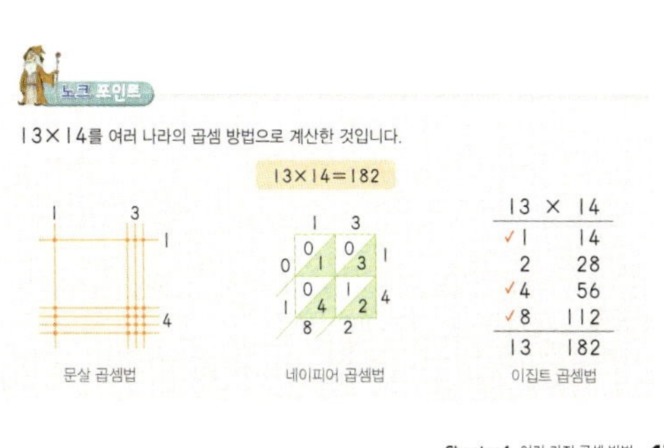

문살 곱셈법   네이피어 곱셈법   이집트 곱셈법

정답 및 해설 **3**

네이피어 곱셈법

17세기 영국의 수학자인 네이피어(John Napier)는 다음과 같은 곱셈 방법을 사용하여 계산을 하였습니다.

$$72 \times 38 = 2736$$

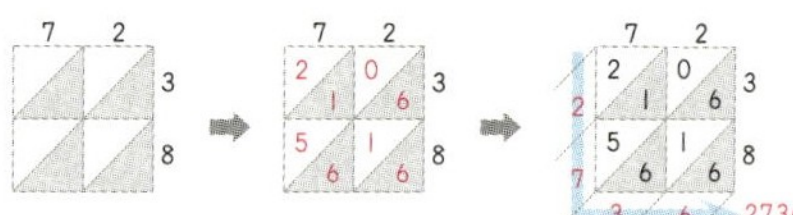

① 표의 위쪽과 오른쪽에 곱하는 두 수를 씁니다.

② 가로, 세로로 만나는 두 숫자를 곱하여 표 안에 씁니다.

③ 대각선 방향에 있는 숫자의 합을 구합니다. 합이 10과 같거나 10보다 큰 경우 받아올림합니다.

네이피어 곱셈 방법을 사용하여 다음 계산을 하려고 합니다. 표의 빈 곳과 ○ 안에 알맞은 수를 쓰고, 곱셈식의 계산 결과를 구해 봅시다.

$$28 \times 64 = \boxed{1792}$$

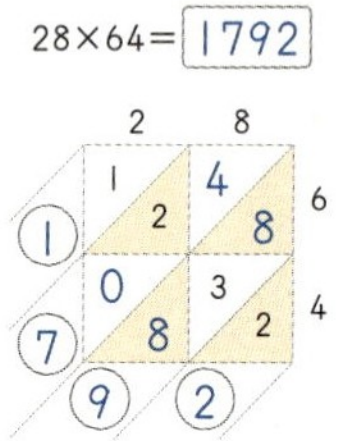

$$93 \times 14 = \boxed{1302}$$

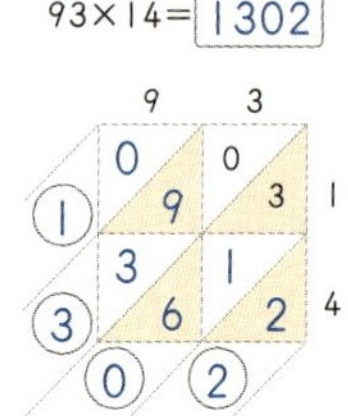

1 네이피어 곱셈 방법을 사용하여 다음 계산을 하시오.

❶ $69 \times 5 = \boxed{345}$

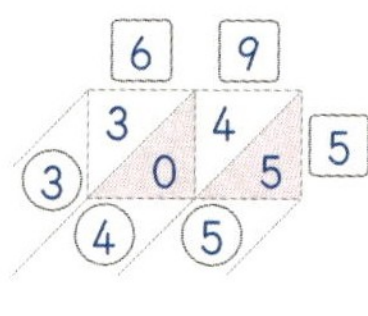

❷ $374 \times 12 = \boxed{4488}$

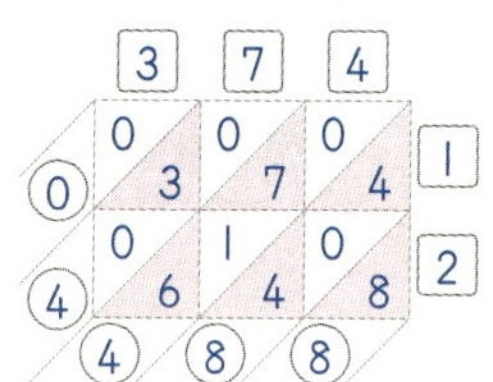

2 네이피어 곱셈표를 완성하고, 곱셈식의 ☐ 안에 알맞은 수를 써넣으시오.

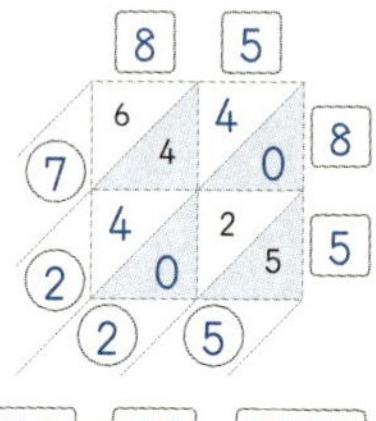

$$\boxed{85} \times \boxed{85} = \boxed{7225}$$

이집트 곱셈법

다음은 고대 이집트의 곱셈법으로 21×26을 계산한 것입니다. 계산 과정을 보고 이집트의 곱셈 방법을 알아봅시다.

❶ 위의 계산에서 왼쪽 수와 오른쪽 수는 각각 1과 26부터 일정한 규칙에 따라 수를 쓴 것입니다. 왼쪽 수와 오른쪽 수를 쓴 규칙을 설명하시오.

**왼쪽 수는 1부터 시작하여 2배인 수를 차례로 쓰고,
오른쪽 수는 26부터 시작하여 2배인 수를 차례로 씁니다.**

❷ 왼쪽 수 중 1, 4, 16에 ✓표 하였습니다. ✓표 한 규칙을 설명하시오.

왼쪽 수에서 합이 21이 되는 수를 모두 찾아 ✓표 합니다.

❸ 표시한 줄의 오른쪽 수를 더하면 곱셈의 결과가 됩니다. 21×26을 계산하여 이집트 곱셈법의 결과와 비교하여 보시오.

$$21 \times 26 = \boxed{546}$$

1 고대 이집트 곱셈법을 사용하여 다음 계산을 하시오.

❶ $14 \times 31 = \boxed{434}$

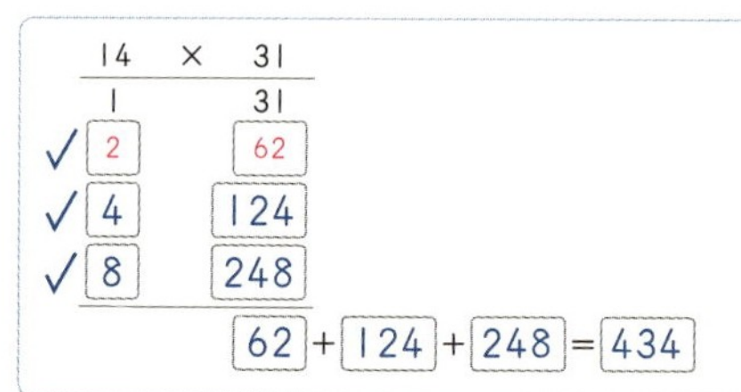

	14	×	31
	1		31
✓	2		62
✓	4		124
✓	8		248

$$\boxed{62} + \boxed{124} + \boxed{248} = \boxed{434}$$

❷ $25 \times 69 = \boxed{1725}$

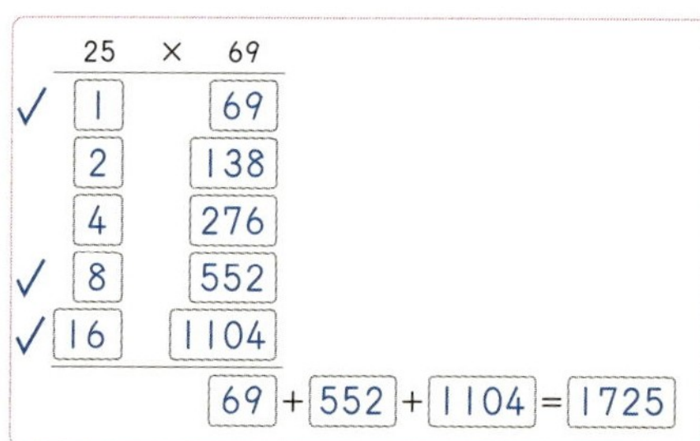

	25	×	69
✓	1		69
	2		138
	4		276
✓	8		552
✓	16		1104

$$\boxed{69} + \boxed{552} + \boxed{1104} = \boxed{1725}$$

4 C5 연산

3 신기한 계산법

태경이는 다음 계산이 올바른 계산인지 확인해 보려고 합니다.

구거법

① 주어진 수의 각 자리 숫자의 합을 구합니다. 구한 값이 10보다 크거나 같을 경우 같은 방법으로 더하여 검산 수를 구합니다.

$$73 \rightarrow 7+3=10 \rightarrow 1+0=1$$
$$26 \rightarrow 2+6=8$$
$$1898 \rightarrow 1+8+9+8=26 \rightarrow 2+6=8$$

② ①에서 구한 검산 수를 원래 수와 바꾸어 계산하여 계산한 값이 같으면 올바른 식입니다. 단, 검산 수의 곱이 두 자리 수인 경우 두 숫자의 합을 구합니다.

```
7 3        1
× 2 6  ⇒  × 8
1 8 9 8     8
```

구거법의 검산식(1×8=8)이 올바르므로 73×26은 올바른 식입니다.

구거법으로 검산하여 올바른 식을 모두 찾아 ◯표 하시오.

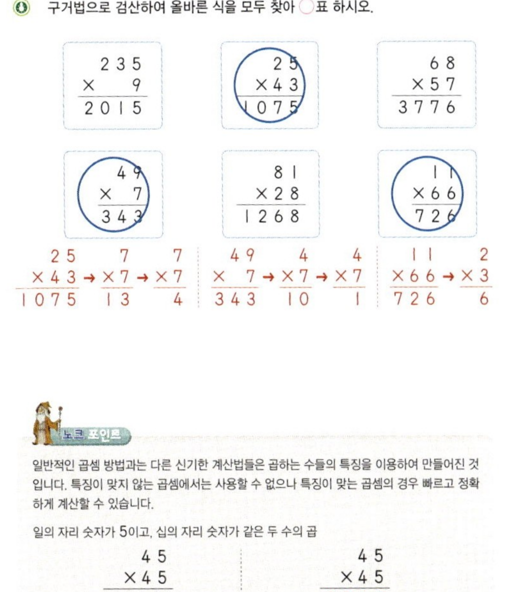

```
  2 3 5      ( 2 5 )      6 8
×     9      × 4 3       × 5 7
2 0 1 5      1 0 7 5      3 7 7 6
```

```
( 4 9 )      8 1        ( 1 1 )
×   7        × 2 8        × 6 6
3 4 3        1 2 6 8       7 2 6
```

```
  2 5      7      7          4 9      4      4          1 1      2
× 4 3 → × 7 → × 7          ×   7 → × 7 → × 7          × 6 6 → × 3
1 0 7 5    1 3    4          3 4 3    1 0    1          7 2 6      6
```

노크 포인트

일반적인 곱셈 방법과는 다른 신기한 계산법들은 곱하는 수들의 특징을 이용하여 만들어진 것입니다. 특징이 맞지 않는 곱셈에서는 사용할 수 없으나 특징이 맞는 곱셈의 경우 빠르고 정확하게 계산할 수 있습니다.

일의 자리 숫자가 5이고, 십의 자리 숫자가 같은 두 수의 곱

```
  4 5              4 5
× 4 5            × 4 5
  2 2 5          2 0 2 5
1 8 0
2 0 2 5
```

① 곱의 끝 두 자리에 25를 씁니다.
② (십의 자리 숫자)×((십의 자리 숫자)+1)을 25의 앞에 씁니다.

🔹 신기한 곱셈법

두 자리 수끼리의 곱셈에서 일정한 **조건**을 만족하는 경우 간단하게 계산하는 방법이 있습니다.

조건1
① 두 수의 십의 자리 숫자가 같습니다.
② 두 수의 일의 자리 숫자의 합이 10입니다.

```
  3 8            5 7
× 3 2          × 5 3
1 2 1 6        3 0 2 1
3×(3+1) 8×2    5×(5+1) 7×3
```

조건2
① 두 수의 십의 자리 숫자의 합이 10입니다.
② 두 수의 일의 자리 숫자가 같습니다.

```
  1 6            4 2
× 9 6          × 6 2
1 5 3 6        2 6 0 4
1×9+6 6×6      4×6+2 2×2
```

다음 두 자리 수끼리의 곱이 어떤 조건을 만족하는지 찾은 다음 알맞은 방법으로 계산해 봅시다.

조건 ☐1 :
```
  8 9
× 8 1
7 2 0 9
8×(8+1) 9×1
```

조건 ☐2 :
```
  3 4
× 7 4
2 5 1 6
3×7+4 4×4
```

조건 ☐2 :
```
  2 3
× 8 3
1 9 0 9
2×8+3 3×3
```

조건 ☐1 :
```
  9 6
× 9 4
9 0 2 4
9×(9+1) 6×4
```

[90보다 큰 두 수]

1 90보다 큰 두 자리 수의 곱을 **보기**와 같은 방법으로 구하시오.

보기
$$98=100-2$$
$$94=100-6$$
$$98×94=9212$$
$$100-2-6 \uparrow \quad \uparrow 2×6$$

❶ 95×96 → 9120
$$95=100-5 \quad 100-5-4 \quad 5×4$$
$$96=100-4$$

❷ 93×99 → 9207
$$93=100-7 \quad 100-7-1 \quad 7×1$$
$$99=100-1$$

[일의 자리 숫자가 1]

2 아인이는 일의 자리 숫자가 모두 1인 두 자리 수의 곱을 계산하는 신기한 방법을 공책에 정리하였습니다. 아인이가 정리한 방법을 사용하여 다음 계산을 하시오.

① 곱의 일의 자리에는 항상 1을 씁니다.
② 두 수의 십의 자리 숫자의 합을 곱의 십의 자리에 씁니다.
③ 두 수의 십의 자리 숫자의 곱을 곱의 앞 자리에 씁니다.

```
  4 1
× 3 1
1 2 7 1
```


십의 자리 숫자의 합이 두 자리 수인 경우, 받아올림하여 곱의 일의 자리 숫자와 더한다.

❶
```
  2 1
× 5 1
1 0 7 1
```

❷
```
  7 1
× 8 1
5 7 5 1
```
$$7+8=15$$
$$7×8=56$$
$$565 \rightarrow 575$$

정답 및 해설 **5**

받아올림 없는 세로셈

다음은 아인이의 수학 일기 중 신기한 세로셈에 관한 일기입니다.

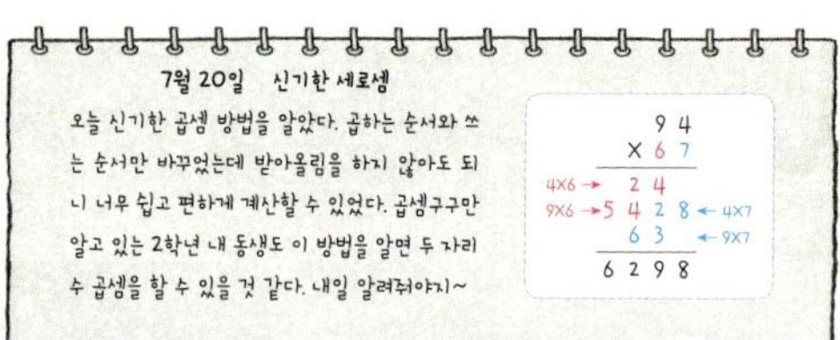

신기한 세로셈 방법을 사용하여 다음 계산을 해 봅시다.

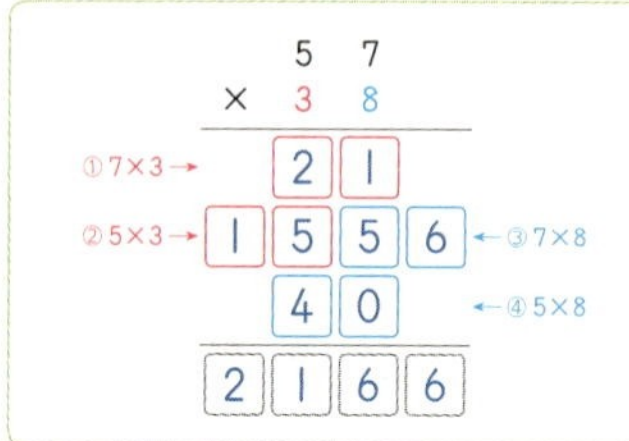

곱하는 순서와 곱을 쓰는 위치만 잘 보면 곱셈이 쉬워진단다.

---

1 다음은 받아올림 없이 두 자리 수끼리의 곱셈을 계산하는 과정입니다. ☐ 안에 알맞은 수를 써넣으시오.

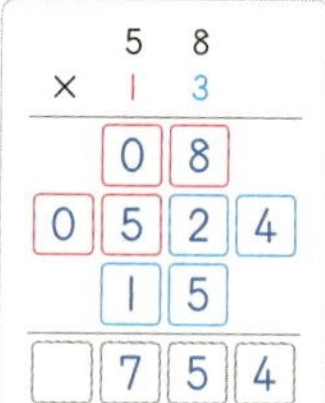

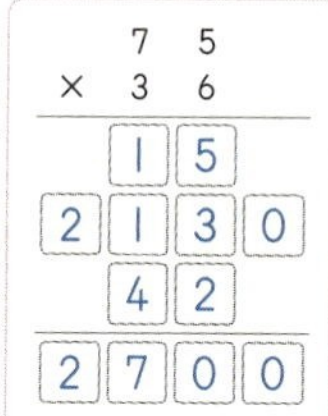

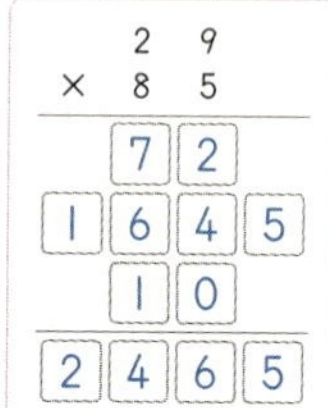

창의적 문제해결력

1 다음 식을 문살 곱셈법과 네이피어 곱셈법으로 계산을 하시오.

$$26 \times 31 = \boxed{806}$$

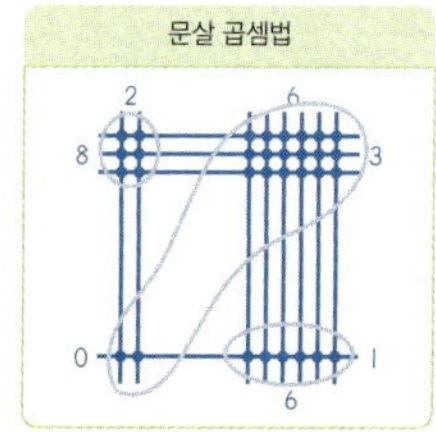

2 일의 자리 숫자가 5인 두 자리 수의 곱을 구한 것입니다. 규칙을 찾아 다음 계산을 하시오.

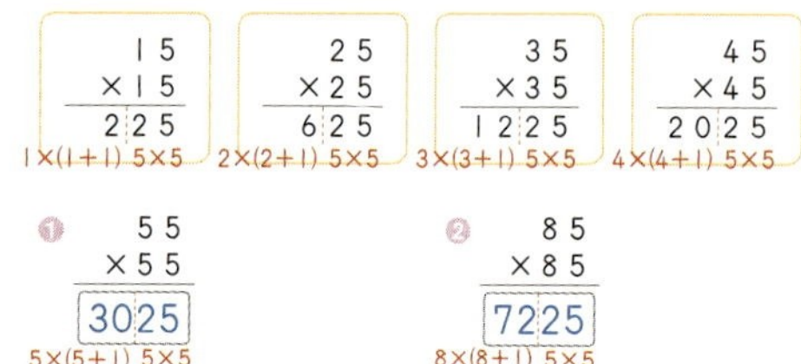

❶
5 5
× 5 5
$\boxed{3025}$
5×(5+1) 5×5

❷
8 5
× 8 5
$\boxed{7225}$
8×(8+1) 5×5

3 다음은 십의 자리 숫자가 1인 두 자리 수의 곱을 구한 것입니다. 규칙을 찾아 다음 계산을 하시오.

$$12 \times 14 = 100 + 60 + 8 = 168$$
$$15 \times 13 = 100 + 80 + 15 = 195$$
$$11 \times 19 = 100 + 100 + 9 = 209$$

❶ $14 \times 18 = 252$
$100 + 120 + 32 = 252$

❷ $17 \times 16 = 272$
$100 + 130 + 42 = 272$

4 이집트 곱셈 방법을 변형한 것입니다. 같은 방법으로 다음 계산을 하시오.

30	× 8
1	8
✓ 3	24
9	72
✓ 27	216
30	240

$$30 \times 8 = 240$$

37	× 11
✓ 1	11
3	33
✓ 9	99
✓ 27	297
37	407

$$37 \times 11 = \boxed{407}$$

동영상 특강
QR 코드를 찍어 보세요!

Chapter 2

합과 곱

4 연속수의 합

다음과 같이 책이 놓여 있습니다. 태경이와 지오는 각각 다른 방법으로 책이 모두 몇 권인지 구하였습니다.

책은 모두 몇 권인지 태경이와 지오의 방법으로 각각 구해 보시오.

태경이의 방법
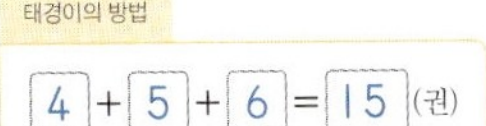

지오의 방법
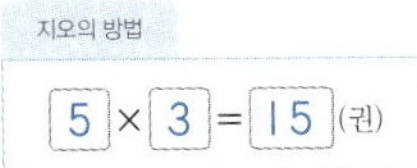

다음을 보고 덧셈식을 계산 결과가 같은 곱셈식으로 바꾸어 나타내시오.

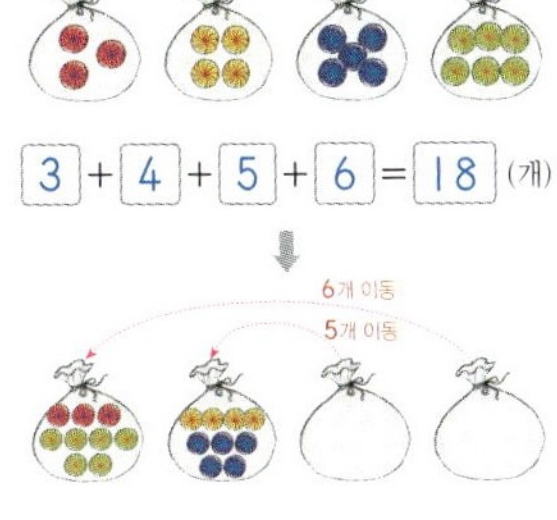

노크 포인트

크기가 일정하게 커지는 수의 합은 다음과 같은 방법으로 구할 수 있습니다.

① 중앙수 계산법
   수가 홀수 개인 경우, 수 중에서 중앙에 있는 수(중앙수)를 이용하여 계산하는 방법입니다.
   $$1+2+3+4+5+6+7 = 4 \times 7 = 28$$
   (중앙수) (수의 개수)

② 짝짓기 계산법
   수가 짝수 개인 경우, 합이 모두 같도록 두 수씩 짝을 지어 계산하는 방법입니다.
   $$1+2+3+4+5+6 = 7 \times 3 = 21$$
   (두 수의 합) (묶음의 수)

중앙수 계산법

다음과 같이 숫자 카드가 놓여 있습니다. 카드에 있는 수의 합을 곱셈식을 이용하여 구해 봅시다.

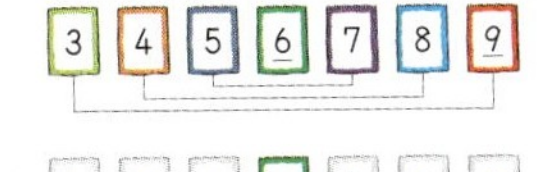
  6 × 7 = 42

❶ 짝을 지은 두 수가 같아지도록 큰 수에서 작은 수로 알맞게 수를 옮기시오.

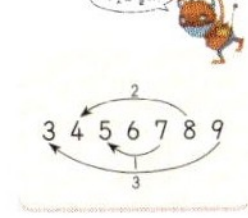

❷ 짝지은 두 수가 같아지도록 모두 옮기면 7개의 수는 모두 중앙수인 6 과 같습니다.

❸ 중앙수를 사용하여 수의 합을 구하는 덧셈식과 곱셈식을 완성하시오.

6 + 6 + 6 + 6 + 6 + 6 + 6 = 6 × 7

❹ 수의 합을 구하시오. 42

1

[중앙수]
주머니 안에 조건에 맞게 연속하는 수가 적힌 구슬이 들어 있습니다. 꼬마 요괴는 두 개의 주머니에서 각각 중앙수가 적힌 구슬을 찾아 가지려고 합니다. 요괴가 가지려고 하는 구슬에 적힌 수의 합을 구하시오. 15

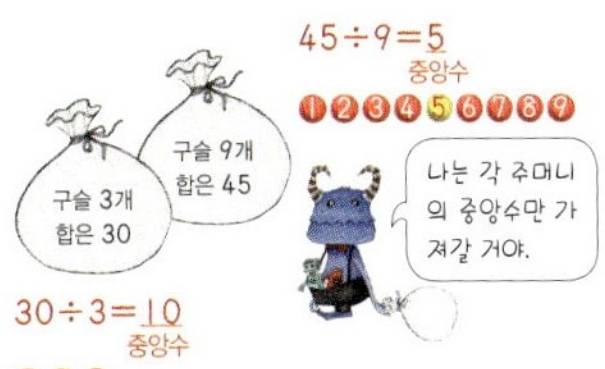

2

[독서]
초이는 어느 쪽부터 시작하여 연속하여 11쪽을 읽었습니다. 초이가 읽은 모든 쪽수의 합이 121쪽이라고 할 때, 초이는 몇 쪽까지 읽은 것인지 구하시오.

16쪽

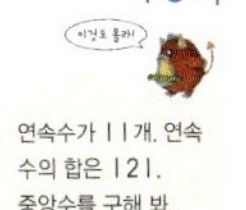

121÷11=11
6, 7, 8, 9, 10, 11, 12, 13, 14, 15, 16
중앙수

정답 및 해설 **7**

짝짓기 계산법

대마법사 멀린이 짝짓기 계산법을 설명하고 있습니다. 짝짓기 계산법은 일정하게 커지는 수들이 짝수 개 있는 경우 합을 구하는 방법입니다. 다음 설명을 보고 1부터 10까지 수의 합을 구해 봅시다.

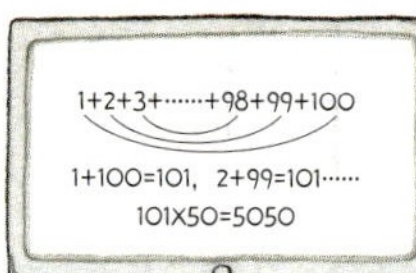

❶ 1부터 10까지의 수를 위와 같이 두 수씩 짝을 지으시오.

1 2 3 4 5 6 7 8 9 10

❷ ❶에서 짝지은 두 수의 합은 모두 얼마입니까? 또, 합이 같은 쌍이 모두 몇 쌍입니까? 11, 5쌍

❸ □ 안에 알맞은 수를 써넣고 1부터 10까지의 합을 구하시오.

1+2+3+4+5+6+7+8+9+10= 11 × 5 = 55

---

1 다음 수들의 합을 구하시오.

❶ 1부터 20까지의 수 중 홀수의 합 100

1+3+5+······+15+17+19

1+19=20, 3+17=20, ······ → 20×5=100

❷ 1부터 20까지의 수 중 짝수의 합 110

2+4+6+······+16+18+20

2+20=22, 4+18=22, ······ → 22×5=110

2 연속수의 합을 곱셈식을 사용하여 구하려고 합니다. □ 안에 알맞은 수를 써넣고, 연속수의 합을 구하시오. 단, 가장 큰 수는 40보다 작습니다.

5+6+7+8+······+ 30 = 35 × 13 = 455

가장 작은 수와 가장 큰 수의 합이 35이므로, 가장 큰 수는 30입니다. 5부터 30까지의 수의 개수는 26개이므로, 두 수씩 짝을 지으면 모두 13쌍이 나옵니다. 따라서 5부터 30까지의 수의 합은 35×13=455입니다.

---

⑤ 색칠한 수의 합

멍하니 요괴가 7월 달력에서 자신의 생일을 찾고 있습니다.

일주일은 7일이므로 달력의 수의 합을 중앙수 계산법을 사용하여 구할 수 있습니다. 다음 □ 안에 알맞은 수를 써넣으시오.

23 ×7=161

위의 □ 안의 수는 생일이 있는 주의 어느 요일의 날짜입니까? 수요일

멍하니 요괴의 생일은 몇 월 며칠입니까? 7월 20일

🟢 어느 해 6월 달력입니다. 달력에 연속으로 색칠한 수의 합을 곱셈식을 이용하여 구하려고 합니다. □ 안에 알맞은 수를 써넣으시오.

6월

일	월	화	수	목	금	토
						1	2
3	4	5	6	7	8	9
10	11	12	13	14	15	16
17	18	19	20	21	22	23
24	25	26	27	28	29	30

🟦 안의 수의 합: 12 × 5 = 60

🟥 안의 수의 합: 55 × 3 = 165

수가 홀수 개인 경우는 중앙수 계산법을 사용하고,
수가 짝수 개인 경우는 짝짓기 계산법을 사용합니다.

체크 포인트

달력이나 수 배열표에는 일정한 규칙에 따라 수가 쓰여 있으므로 중앙수 계산법 또는 짝짓기 계산법을 사용하여 수의 합을 구할 수 있습니다.

1	2	3	4	5
6	7	8	9	10
11	12	13	14	15
16	17	18	19	20

🟦 안 수의 합
16+17+18+19+20=18×5=90
중앙수   중앙수 수의 개수

🟥 안 수의 합
3+8+13+18=21×2=42
두 수의 합 묶음의 수

---

8   C5 연산

수 배열표와 색칠한 수

40 · 41

다음 수 배열표에서 색칠한 수의 합은 306입니다. 이와 같은 모양으로 9칸을 색칠했을 때, 색칠한 수의 합이 243이라면 색칠한 수 중 가장 작은 수는 얼마인지 구해 봅시다.

11	12	13	14	15	16	17	18	19	20
21	22	23	24	25	26	27	28	29	30
31	32	33	34	35	36	37	38	39	40
41	42	43	44	45	46	47	48	49	50
51	52	53	54	55	56	57	58	59	60

❶ 색칠한 수에서 마주 보는 두 수가 같아지도록 큰 수에서 작은 수로 수를 옮기시오. 같아진 수를 표의 빈칸에 모두 쓰고, 수의 합을 구하는 곱셈식을 완성하시오.

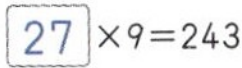

23	24	25
33	34	35
43	44	45

➡

34	34	34
34	34	34
34	34	34

$\boxed{34} \times 9 = 306$

마주 보는 두 수의 합이 모두 68이므로 큰 수에서 작은 수로 수를 옮겨서 모두 34가 되도록 만들 수 있습니다.

❷ 합이 243인 수 9개의 합을 곱셈식으로 나타내려고 합니다. 다음 곱셈식을 완성하고, 9개의 수 중 중앙수를 ☐ 안에 써넣으시오.

$\boxed{27} \times 9 = 243$

16		
	27	

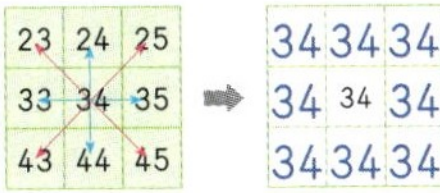

❸ 합이 243인 9개의 수 중 가장 작은 수는 무엇입니까? 16

[6개의 수]

1 다음 표에서 색칠한 6개의 수의 합을 곱셈식을 이용하여 구하시오. 240

21	22	23	24	25	26	27	28	29	30
31	32	33	34	35	36	37	38	39	40
41	42	43	44	45	46	47	48	49	50

$34+46=80,\ 35+45=80,$
$36+44=80,\ 80\times3=240$

[8개의 수]

2 지오가 다음과 같이 8개의 수를 색칠하였고, 아인이도 같은 모양으로 8개의 수를 색칠하였습니다. 아인이가 색칠한 수의 합이 312라고 할 때, 색칠한 가장 큰 수를 구하시오. 50

1	2	3	4	5	6	7	8	9	10
11	12	13	14	15	16	17	18	19	20
21	22	23	24	25	26	27	28	29	30
31	32	33	34	35	36	37	38	39	40
41	42	43	44	45	46	47	48	49	50

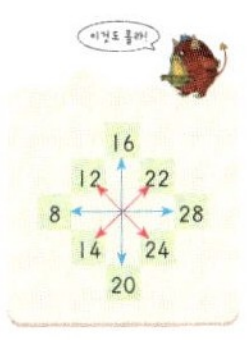

$46 \times 4 = 184$

$312 \div 4 = 78$
$78 \div 2 = 39$

지오　　　아인

다양하게 색칠한 수

42 · 43

주어진 모양과 같이 색칠하였을 때 색칠한 수의 합이 다음과 같습니다. 수 배열표에서 모양의 위치를 찾아 색칠하여 봅시다.

1	2	3	4	5	6	7	8	9	10
11	12	13	14	15	16	17	18	19	20
21	22	23	24	25	26	27	28	29	30
31	32	33	34	35	36	37	38	39	40
41	42	43	44	45	46	47	48	49	50

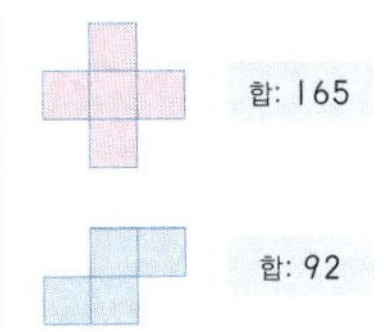
합: 165

합: 92

❶ 오른쪽 모양으로 수 배열표를 칠했을 때, 색칠한 수의 합은 중앙수 계산법을 사용하여 구할 수 있습니다. 수의 합이 165일 때 중앙수를 구하고, 중앙수가 들어갈 칸의 기호를 쓰시오. 33, ㉢

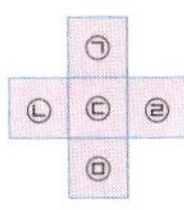

$165 \div 5 = 33$

❷ 오른쪽 모양으로 수 배열표를 칠했을 때 색칠한 네 수를 합이 서로 같도록 둘씩 짝지으려고 합니다. ☐ 안에 알맞은 기호를 쓰시오.

(㉣ , ㉧), (㉤ , ㉦)

❸ 네 수의 합이 92일 때 ❷에서 짝지은 두 수의 합을 구하시오. 46

❹ 수 배열표에 ㉢의 위치와 ㉧의 위치에 맞게 모양을 각각 색칠하시오.

[색칠한 수의 합]

1 다음 수 배열표에서 색칠한 수의 합을 곱셈식을 이용하여 구하시오. 144

1	6	11	16	21	26	31
2	7	12	17	22	27	32
3	8	13	18	23	28	33
4	9	14	19	24	29	34
5	10	15	20	25	30	35

$36 \times 4 = 144$

[합이 150]

2 일정한 규칙에 따라 수가 적힌 표에 다음과 같은 모양으로 수 5개를 색칠하였습니다. 색칠한 수의 합이 150일 때, 색칠한 수 중 가장 작은 수와 가장 큰 수를 구하시오. 21, 39

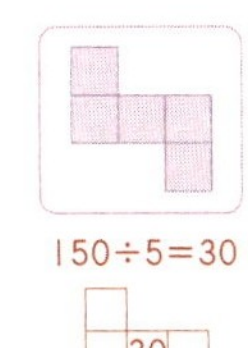

$150 \div 5 = 30$

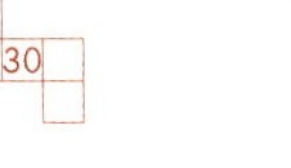

1	2	3	4	5	6	7	8
9	10	11	12	13	14	15	16
17	18	19	20	21	22	23	24
25	26	27	28	29	30	31	32
33	34	35	36	37	38	39	40

6 연속수로 나타내기

아인이는 사탕 15개를 5개의 주머니에 연속하는 개수가 되도록 나누어 담고, 자신의 방법을 노트에 정리하였습니다. 홀수 개의 연속수로 나누는 방법을 알아봅시다.

① 사탕 15개와 주머니 5개를 준비해.

② 15÷5=3이니까 주머니에 모두 3개씩 담아.

③ 첫 번째 주머니에서 2개를 꺼내 마지막 주머니로, 두 번째 주머니에서 1개를 꺼내 네 번째 주머니로 옮겨 줘.

1개　2개　3개　4개　5개

④ 짜잔~ 주머니에 1부터 5까지 연속수의 개수로 사탕을 넣었어!

45개의 사탕을 연속수의 개수가 되도록 주머니 안에 나누어 담았습니다. 적은 개수가 들어 있는 주머니부터 왼쪽부터 차례대로 놓았을 때, ☐ 안에 알맞은 수나 기호를 써넣으시오.

● 6개의 주머니에 담았을 때

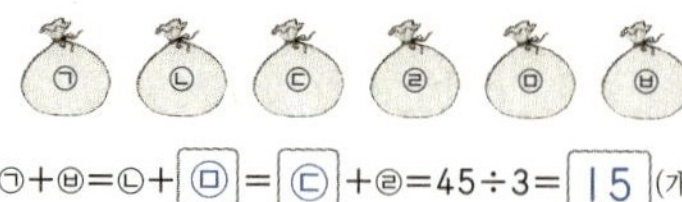

$$㉠+㉥=㉡+\boxed{㉤}=\boxed{㉢}+㉣=45÷3=\boxed{15}\,(개)$$

● 9개의 주머니에 담았을 때

$$㉤=45÷\boxed{9}=\boxed{5}\,(개)$$

노트 포인트

1, 2, 3, 4와 같이 연속하는 수를 연속수라고 합니다.

① 중앙수를 사용하여 30을 홀수 개의 연속수의 합으로 나타낼 수 있습니다.
$$30÷\underline{3}=\underline{10} → 9, 10, 11 \qquad 30÷\underline{5}=\underline{6} → 4, 5, 6, 7, 8$$
수의 개수　중앙수　　　　　　　　　수의 개수　중앙수

② 짝짓기 계산법을 활용하여 30을 짝수 개의 연속수의 합으로 나타낼 수 있습니다.
$$가+나+다+라=30, 나+다=30÷2=15, 나=7, 다=8 → 6, 7, 8, 9$$

연속수가 홀수 개

15는 1+2+3+4+5와 같이 어떤 수를 연속하는 다섯 수의 합으로 나타낼 수 있습니다. 연속하는 수의 합이 다음과 같을 때, 연속수 중 가장 큰 수를 알아봅시다.

- 연속하는 다섯 수의 합이 105일 때
- 연속하는 일곱 수의 합이 105일 때

❶ 위의 연속수의 합을 다음과 같이 나타내었습니다. 연속수를 작은 수부터 차례로 쓴다고 할 때, ☐ 안에 알맞은 수를 써넣으시오.

$$\boxed{19}+\boxed{20}+\boxed{21}+\boxed{22}+\boxed{23}=105$$
$$\boxed{12}+\boxed{13}+\boxed{14}+\boxed{15}+\boxed{16}+\boxed{17}+\boxed{18}=105$$
(중앙수)=105÷5=21
(중앙수)=105÷7=15

❷ 연속수를 넣어 ❶의 덧셈식을 모두 완성하시오.

❸ ❶의 덧셈식이 올바른지 확인하고, 연속수 중 가장 큰 수를 각각 구하시오.

다섯 수가 연속하는 경우: 23
일곱 수가 연속하는 경우: 18

[연속수의 합]

1 연속수를 사용하여 다음 식을 완성하시오.

❶
$$\boxed{14}+\boxed{15}+\boxed{16}=45$$
(중앙수)=45÷3=15

❷
$$\boxed{7}+\boxed{8}+\boxed{9}+\boxed{10}+\boxed{11}=45$$
(중앙수)=45÷5=9

[연속수의 합]

2 연속하는 수가 적힌 5장의 카드가 있습니다. 작은 수가 적힌 카드부터 차례대로 놓았을 때, ㉡과 ㉣의 합은 114입니다. ㉢을 구하시오. 57

(중앙수 ㉢)=114÷2=57

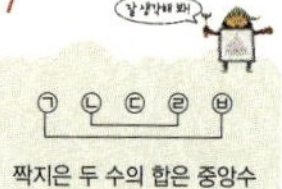

10　C5 연산

연속수가 짝수 개

⁴⁸
⁴⁹

태경, 초이, 지오, 아인이는 앞사람이 말한 수보다 1 큰 수를 차례로 이야기하고 있습니다. 네 사람이 말한 수의 합이 254라고 할 때, 가장 작은 수를 말한 태경이의 수는 무엇인지 구해 봅시다.

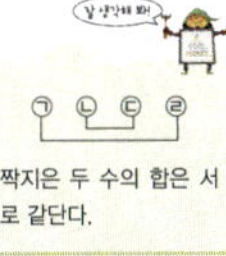

❶ 연속수의 합이 254일 때 ㉠과 ㉣, ㉡과 ㉢의 합을 각각 구하시오.

$$㉠+㉡+㉢+㉣=254$$
$$→ ㉠+㉣=\boxed{127},\ ㉡+㉢=\boxed{127}$$

❷ ㉡과 ㉢은 연속수입니다. 두 수의 차를 구하시오. 1

❸ 합과 차를 이용하여 두 수 ㉡, ㉢을 각각 구하시오. ㉡ 63, ㉢ 64
$$63+64=127, 64-63=1$$

❹ 태경이가 말한 수는 무엇입니까? 62

[짝수의 합]

1 연속수가 적힌 구슬 8개가 있습니다. 구슬에 적힌 수의 합은 148입니다. 꼬마 요괴가 홀수가 적힌 구슬을 모두 먹어버렸습니다. 남은 구슬에 적힌 수의 합을 구하시오. 76

$148÷4=37$이므로, 연속하는 8개의 수는 15, 16, 17, 18, 19, 20, 21, 22입니다. 이 중 짝수의 합은 $16+18+20+22=38×2=76$입니다.

[주사위]

2 한 면에 한 개씩 모두 6개의 수가 있는 주사위가 있습니다. 6개의 수는 모두 연속하는 수이고, 수의 합을 구하면 63입니다. 주사위의 수를 사용하여 다음 덧셈식을 완성하시오.

$$\boxed{8}+\boxed{9}+\boxed{10}+\boxed{11}+\boxed{12}+\boxed{13}=63$$

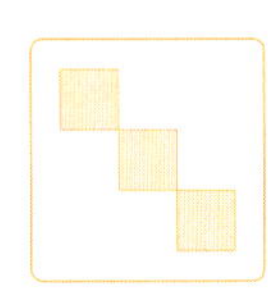

$63÷3=21$이므로, 중앙에 있는 두 수가 10, 11입니다. 따라서 주사위에 있는 수는 8, 9, 10, 11, 12, 13입니다.

창의적 문제해결력

⁵⁰
⁵¹

1 연속하는 두 자리 수 5개가 있습니다. 이 수들의 십의 자리 숫자의 합이 8이라고 할 때, 5개 수의 합을 구하시오. 100

십의 자리 숫자의 합이 8이므로 연속수 5개는 18, 19, 20, 21, 22입니다.
$18+19+20+21+22=20×5=100$입니다.

2 1, 2, 3과 같이 연속하는 수가 있습니다. 이 연속수의 가장 처음 수는 15, 가장 마지막 수는 28입니다. 연속수의 합을 구하시오. 301

$$15+16+17+……+26+27+28$$

수의 개수가 짝수 개이므로 두 수씩 짝을 지어 합을 구할 수 있습니다.
$15+28=43, 43×7=301$

📹 동영상 특강
QR 코드를 찍어 보세요!

3 어느 달의 달력에 다음과 같은 모양으로 3개의 수를 묶어서 합을 구하려고 합니다. 합이 될 수 있는 수가 아닌 것을 모두 고르시오. ③, ⑤

월	화	수	목	금	토	일
			1	2	3	4	5	6
7	8	9	10	11	12	13
14	15	16	17	18	19	20
21	22	23	24	25	26	27
28	29	30	31			

① 69　② 27　③ 34　④ 66　⑤ 52

(세 수의 합)=(중앙수)×3이므로, 세 수의 합은 항상 3으로 나누어떨어집니다. 따라서 3으로 나누어떨어지지 않는 수 34, 52는 합이 될 수 없습니다.

4 63을 3가지 방법으로 연속하는 수의 합으로 나타내시오.

예

❶ $3+4+5+6+7+8+9+10+11=63$

❷ $6+7+8+9+10+11+12=63$

❸ $8+9+10+11+12+13=63$

정답 및 해설 **11**

Chapter 3

수 만들기

⑦ 숫자 카드 연산

대마왕팀과 대마법사팀이 주어진 숫자 카드 4장을 사용하여 조건에 맞는 수를 만드는 경기를 합니다. 각 팀이 조건에 맞는 두 자리 수를 모두 만든 다음, 만든 수들의 합을 구하여 더 큰 값이 나온 팀이 이기는 경기입니다.

대마왕팀과 대마법사팀이 만든 수를 모두 구하시오.

| 대마왕팀 | 12 , 32 , 42 , 14 , 24 , 34 |
| 대마법사팀 | 21 , 31 , 41 , 13 , 23 , 43 |

두 팀이 만든 수의 합을 각각 구하시오. 이긴 팀은 어느 팀입니까? 대마법사팀

대마왕팀: 158　　대마법사팀: 172
대마왕팀 : 12+32+42+14+24+34=158
대마법사팀 : 21+31+41+13+23+43=172

주어진 숫자 카드를 한 번씩 사용하여 만들 수 있는 가장 큰 세 자리 수와 가장 작은 세 자리 수를 만들고, 두 수의 합 또는 차를 구하시오.

| 가장 큰 수 | 853 | 두 수의 합 | |
| 가장 작은 수 | 305 | 853+305=1158 | |

| 가장 큰 수 | 976 | 두 수의 차 | |
| 가장 작은 수 | 467 | 976−467=509 | |

누크 포인트

숫자 카드 1, 2, 4 를 사용하여 여러 가지 곱셈식과 나눗셈식을 만들 수 있습니다.

1 2 × 4 =48. 1 4 × 2 =28. 2 1 × 4 =84.
2 4 × 1 =24. 4 1 × 2 =82. 4 2 × 1 =42.
1 2 ÷ 4 =3. 1 4 ÷ 2 =7. 2 4 ÷ 1 =24. 4 2 ÷ 1 =42

숫자 카드 곱셈

초이는 다음 숫자 카드를 한 번씩 사용하여 네 번째 큰 두 자리 수와 두 번째 작은 두 자리 수를 만들려고 합니다. 초이가 만든 두 수의 곱을 구해 봅시다.

❶ 가장 큰 두 자리 수부터 네 번째 큰 두 자리 수까지 만들어 보시오.

가장 큰 수: 6 5　　두 번째 큰 수: 6 3
세 번째 큰 수: 6 0　　네 번째 큰 수: 5 6

❷ 가장 작은 수와 두 번째 작은 수를 만들어 보시오.

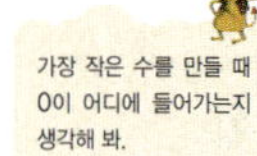

가장 작은 수: 3 0
두 번째 작은 수: 3 5

❸ 네 번째 큰 수와 두 번째 작은 수로 곱셈식을 완성하고, 곱을 구하시오.

$$\begin{array}{r} 5\ 6 \\ \times\ 3\ 5 \\ \hline 1\ 9\ 6\ 0 \end{array}$$

[조건에 맞는 수]

1 다음과 같은 조건 에 맞는 두 수 ㉠, ㉡이 있습니다. ㉠과 ㉡의 곱을 구하시오.

708

> **조건**
> ㉠은 십의 자리 숫자가 5인 두 자리 수 중 가장 큰 수입니다.
> ㉡은 각 자리 숫자의 합이 3인 두 자리 수 중 가장 작은 수입니다.

㉠ 59　㉡ 12
㉠×㉡=59×12=708

[십의 자리 숫자의 곱]

2 다음 숫자 카드를 한 번씩 사용하여 만들 수 있는 모든 세 자리 수의 십의 자리 숫자를 모두 곱하면 얼마인지 구하시오. 0

2 0 9

십의 자리에 2, 0, 9가 모두 올 수 있으므로, 십의 자리 숫자의 곱은 0입니다.

12　C5 연산

숫자 카드 나눗셈

태경이는 회전판에서 수 2개를 골라 나누어떨어지는 나눗셈식을 만들려고 합니다. 태경이가 만든 식을 모두 계산하였을 때 나오는 몫의 합을 구해 봅시다.

❶ 나누는 수가 2인 나누어떨어지는 나눗셈식을 모두 만들고, 몫을 구하시오.

$4÷2=2$　　$6÷2=3$　　$24÷2=12$

❷ 나누는 수가 4와 6인 나누어떨어지는 나눗셈식을 모두 만들고, 몫을 구하시오.

$24÷4=6$

$24÷6=4$

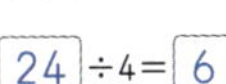

❸ 몫의 합을 구하시오. 27

$2+3+12+6+4=27$

[나머지]

1 아인이와 지오는 자신이 가진 숫자 카드 중 3장을 사용하여 나머지가 가장 큰 나눗셈식을 만들었습니다. 두 사람이 만든 나눗셈식의 나머지를 각각 구하시오.

아인 8, 지오 6

□□÷□

 아인
 지오

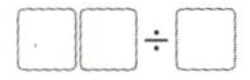

아인: 6 2 9 8　　지오: 3 5 7 4

$26÷9=2…8$　　$34÷7=4…6$
$62÷9=6…8$

[큰 몫, 작은 몫]

2 3부터 9까지의 수를 한 번씩 사용하여 몫이 가장 큰 식과 몫이 가장 작은 식을 각각 만들고, 몫의 곱을 구하시오. 단, 나누어떨어지는 나눗셈식을 만들어야 합니다. 128

몫이 가장 큰 식　　　　　몫이 가장 작은 식

$9\ 6÷3=32$　　　　$3\ 6÷9=4$

$32×4=128$

---

8 가장 크게, 가장 작게

다음 숫자 카드를 태경, 지오, 아인, 초이가 들고 있는 식의 □ 안에 한 장씩 넣어 계산 결과가 가장 큰 식을 만들려고 합니다.

1 2 3

가장 큰 계산 결과가 나오도록 네 사람의 식에 숫자 카드를 넣어 식을 완성하시오. 가장 큰 계산 결과가 나오는 사람은 누구입니까? 초이

태경: $1×2×3=6$　　　지오: $1+2+3=6$

아인: $3\ 1+2=33$　　초이: $3×2\ 1=63$

🟢 숫자 카드의 순서를 바꾸어 만든 식이 있습니다. 숫자의 순서가 다른 식의 계산 결과를 각각 구하시오.

$5\ 2×4=208$　　　　$7\ 6-1=75$
$4\ 5×2=90$　　　　$1\ 6-7=9$

$9\ 8+3=101$　　　　$8\ 4÷2=42$
$3\ 9+8=47$　　　　$2\ 4÷8=3$

도전 포인트

숫자의 크기를 이용하여 계산 결과가 큰 식을 만들 수 있습니다.

① 숫자 ㉠, ㉡, ㉢, ㉣의 크기가 ㉠>㉡>㉢>㉣일 때 곱이 가장 큰 곱셈식을 만드는 방법은 다음과 같습니다.

㉡㉢ ×㉠　　　㉠㉣ ×㉡㉢

② 더하는 수, 빼어지는 수, 곱하는 수, 나눌 수가 클수록, 빼는 수와 나누는 수가 작을수록 식의 계산 결과가 커집니다.

정답 및 해설　**13**

🧌 가장 작은 값

다음 6장의 숫자 카드를 한 번씩 모두 사용하여 계산 결과가 가장 작은 세 자리수의 뺄셈식을 만들려고 합니다. ☐ 안에 들어갈 숫자를 구해 봅시다.

 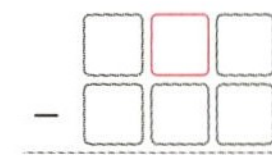

❶ 차가 가장 작은 식의 백의 자리에는 차가 가장 작은 두 수가 들어가야 합니다. 백의 자리에 들어갈 수 있는 숫자를 모두 골라 짝을 지어 나타내시오.

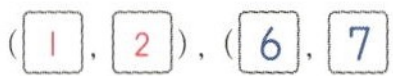

(1 , 2) , (6 , 7)

❷ ❶의 숫자를 백의 자리에 각각 놓고 남은 숫자를 사용하여 세 자리 수를 각각 만듭니다. 단, 빼어지는 수에는 가장 작은 두 자리 수를, 빼는 수에는 가장 큰 두 자리 수를 만들어 식을 완성합니다.

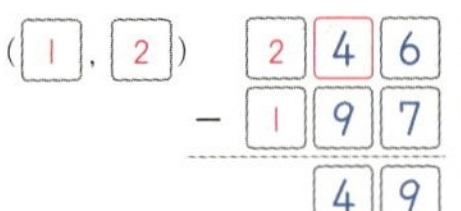 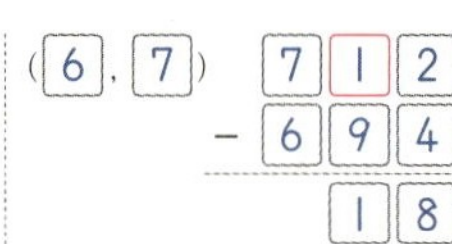

❸ ❷의 두 가지 식을 계산하시오. 더 작은 계산 결과가 나오는 식의 ☐ 안의 숫자는 무엇입니까? 1

[더하고 빼서 가장 작게]

1 1부터 9까지의 수를 한 번씩 사용하여 계산 결과가 가장 작게 되도록 다음 식을 완성하고, 그 때의 계산 결과를 구하시오. 61

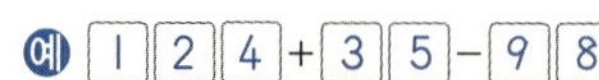

더하는 두 수의 십의 자리 숫자끼리, 일의 자리 숫자끼리 서로 바꿀 수 있습니다.

[조건에 맞는 수]

2 수학 요정이 이야기하고 있는 두 조건을 만족하는 세 자리 수 ㉠, ㉡이 있습니다. 두 수의 차가 가장 작을 때의 ㉠, ㉡을 구하시오. 단, ㉠>㉡입니다. ㉠ 206, ㉡ 143

206−143=63

🧌 가장 큰 값

아인이는 가지고 있는 네 장의 숫자 카드를 한 번씩 모두 사용하여 곱이 가장 큰 식을 만들었습니다. 아인이가 만든 식의 계산 결과를 구해 봅시다.

  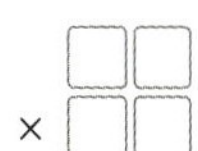

❶ 곱이 가장 크려면 곱하는 두 수가 커야 합니다. ㉠, ㉡에 들어갈 숫자는 무엇입니까? 단, ㉠>㉡입니다.
㉠ 9, ㉡ 8

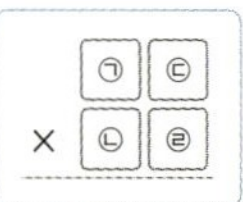

❷ ❶에서 사용하고 남은 숫자 카드 두 장을 ㉢, ㉣에 넣는 두 가지 방법으로 다음 곱셈식을 완성하시오.

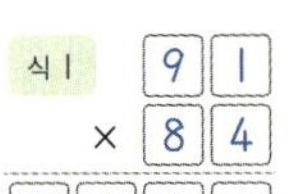 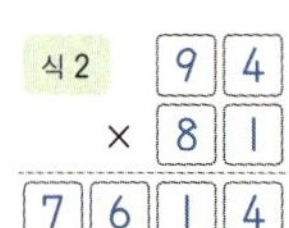

❸ ❷의 두 식의 계산 결과를 구하시오. 가장 큰 곱은 무엇입니까? 7644

[더 큰 곱]

1 태경이와 초이는 다음과 같은 숫자 카드를 가지고 있습니다. 두 사람이 각자 두 자리 수끼리의 곱셈식을 만들려고 합니다. 더 큰 곱을 만들 수 있는 사람은 누구입니까? 초이

태경

초이

태경: 9 2
      × 6 4
      5 8 8 8

초이: 8 1
      × 7 5
      6 0 7 5

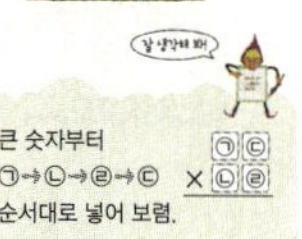

[가장 큰, 가장 작은]

2 1부터 8까지의 수를 한 번씩 사용하여 계산 결과가 가장 큰 식과 가장 작은 식을 각각 만들고, 그 때의 계산값을 구하시오. 단, 나누어떨어지는 식을 만들어야 합니다. 가장 큰 값: 608, 가장 작은 값: 3

가장 큰 값

7 6 × 8 ÷ 1

가장 작은 값

2 4 × 1 ÷ 8

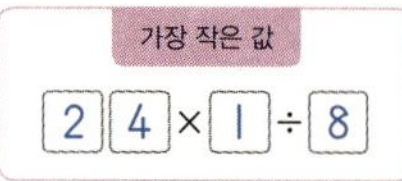

---

14 C5 연산

9 목표수

마법 세계에는 ★ 안의 수에 맞게 잠금 패턴을 풀면 열리는 금고가 있습니다. 색칠한 칸부터 시작하여 가로, 세로, 대각선 방향으로 5칸을 이동하며 차례로 계산한 결과가 ★ 안의 수와 같으면 잠금 패턴이 풀립니다.

예

올바른 식이 되도록 □ 안에 들어갈 순서대로 선을 이으시오.

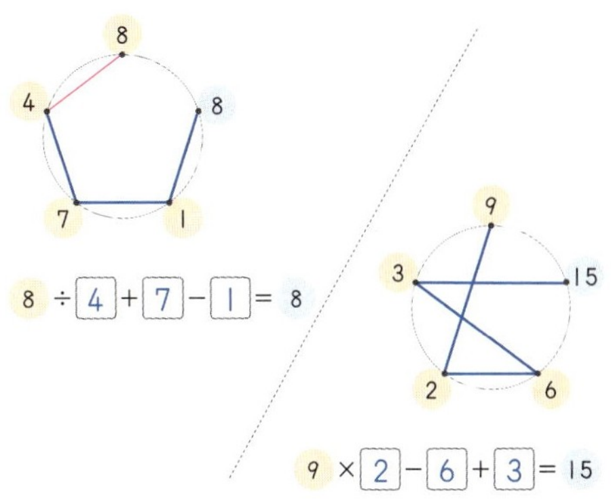

$$8 \div \boxed{4} + \boxed{7} - \boxed{1} = 8$$

$$9 \times \boxed{2} - \boxed{6} + \boxed{3} = 15$$

노크 포인트

주어진 숫자와 +, −를 사용하여 목표수를 만들 수 있습니다.

① 숫자 사이에 모두 +를 넣었을 때의 계산 결과와 목표수의 차를 구합니다. 차의 반만큼을 빼서 목표수를 만들 수 있습니다.

1, 2, 3, 4로 목표수 4 만들기

$$1+2+3+4=10 \quad 10-4=6 \rightarrow 1+2-3+4=4$$

② 숫자 사이에 모두 연산기호를 넣지 않아도 되는 경우 이웃한 숫자로 두 자리 수, 세 자리 수를 만들어 사용합니다.

$$12-3-4=5$$

연산 기호 넣기

지오는 꼬마 요괴가 연산 기호를 모두 지워버린 식을 보았습니다. 식의 ○ 안에 + 또는 −는 −를 넣어 올바른 식을 만들어 봅시다.

$$\boxed{1} \, \boxed{+} \, \boxed{3} \, \boxed{+} \, \boxed{4} \, \boxed{-} \, \boxed{7} \, \boxed{+} \, \boxed{9} \, \boxed{=} \, \boxed{10}$$

지오

❶ 다음 식의 계산 결과가 가장 큰 값이 나오도록 ○ 안에 + 또는 −를 알맞게 넣으시오. 그 때의 계산값은 얼마입니까? **24**

$$\boxed{1} \, \boxed{+} \, \boxed{3} \, \boxed{+} \, \boxed{4} \, \boxed{+} \, \boxed{7} \, \boxed{+} \, \boxed{9}$$

❷ ❶의 계산값과 10의 차는 $\boxed{14}$ 입니다. 계산 결과가 10이 되려면 빼는 수의 합이 얼마가 되어야 합니까? **7**

❸ 빼는 수의 합이 ❷에서 구한 수가 되도록 식의 ○ 안에 + 또는 −를 넣어 올바른 식을 만드시오.

[○ 안의 연산 기호]

1 다음 ○ 안에 + 또는 −를 써넣어 올바른 식을 만드시오.

$$1 \, ⊕ \, 2 \, ⊕ \, 3 \, ⊖ \, 4 \, ⊕ \, 5 \, ⊕ \, 6 \, ⊖ \, 7 = 6$$

1+2+3+4−5−6+7로 계산식을 만들면 빼는 수는 11이지만 앞에서부터 차례로 계산할 때 빼는 수가 빼어지는 수보다 커서 계산이 불가능합니다.

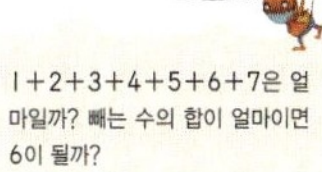

[주머니 안 구슬]

2 주머니 안에 숫자 구슬과 연산 기호 구슬이 있습니다. 구슬을 모두 한 번씩 사용하여 계산 결과가 34인 식을 만드시오. $8 \times 4 \div 1 + 2 = 34$
또는 $8 \times 4 + 2 \div 1 = 34$

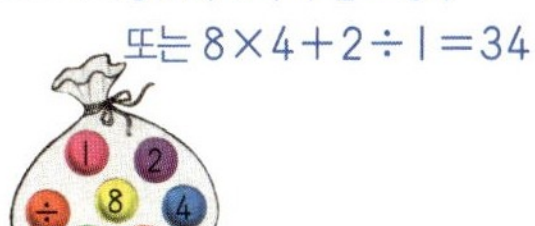

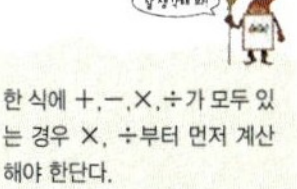

정답 및 해설 **15**

🐿 수 만들기

자동차 번호판은 4개의 숫자로 이루어져 있습니다. [보기]와 같이 번호판의 4개의 숫자와 $+$, $-$, $\times$, $\div$를 사용하여 ◯안의 수를 만들어 봅시다. 단, 숫자는 모두 사용해야 하며, 연산 기호는 모두 사용하지 않아도 됩니다.

[보기]

∘ 1645 ∘

(18) $6 \times 4 - 5 - 1 = 18$

(5) $15 - 6 - 4 = 5$

❶

∘ 9650 ∘

예

(3) $60 \div 5 - 9 = 3$

(0) $9 \times 5 \times 6 \times 0 = 0$

❷

∘ 3068 ∘

(10) $6 \div 3 + 8 - 0 = 10$

(3) $8 - 30 \div 6 = 3$

❸

∘ 2757 ∘

(7) $2 + 5 - 7 + 7 = 7$

(11) $2 \times 5 + 7 \div 7 = 11$

여러 가지 답이 있습니다.

[숫자 카드]

1 주어진 숫자 카드를 모두 한 번씩 사용하여 다음 식을 완성하시오.

❶   8 3 7   예 $\boxed{7} \times \boxed{3} - \boxed{8} = 13$

❷   3 2 6 $\boxed{6} \div \boxed{2} + \boxed{3} = 6$

[회전판]

2 회전판의 숫자를 모두 한 번씩 사용하여 계산 결과가 10이 되는 식 2개를 만드시오.

예 $12 + 5 - 3 - 4 = 10$

$5 \times 2 + 1 + 3 - 4 = 10$

여러 가지 답이 있습니다.

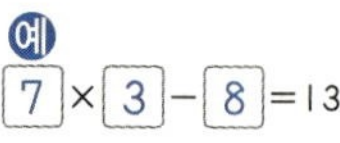

👧 창의적 문제해결력

1 다음과 같은 공 5개를 상자 안에 넣고 손을 넣어 공을 2개씩 꺼냅니다. 꺼낸 공의 수를 더하여 새로운 수를 만든다고 할 때, 만들 수 있는 새로운 수의 합을 구하시오. 70

$1 + 3 = 4$
$1 + 5 = 6$
$1 + 7 = 8$
$1 + 9 = 10$ → $4 + 6 + 8 + 10 + 12 + 14 + 16 = 70$
$3 + 9 = 12$
$5 + 9 = 14$
$7 + 9 = 16$

2 한 자리 수를 한 번씩 사용하여 다음과 같은 곱셈식을 만들었습니다. 곱이 가장 클 때, 만든 두 자리 수의 차를 구하시오. 9

$\boxed{9}\,\boxed{6} \times \boxed{8}\,\boxed{7} = 8352$

숫자 ㉠, ㉡, ㉢, ㉣의 크기가 ㉠>㉡>㉢>㉣일 때 곱이 가장 큰 곱셈식을 만드는 방법은 다음과 같습니다.

㉠㉣
× ㉡㉢

📍 **동영상 특강**
QR 코드를 찍어 보세요!!!

3 다음 숫자 카드를 한 번씩 사용하여 두 자리 수 4개를 만들었습니다. 네 수의 합이 홀수일 때, 합이 될 수 있는 가장 큰 값을 구하시오. 261

1 2 3 4 5 6 7 8

합이 홀수가 되려면 더하는 수 중 한 개 또는 세 개가 홀수여야 합니다.
$81 + 72 + 63 + 45 = 261$

4 네 명의 아이들이 말하는 수를 한 번씩 모두 사용하여 계산값이 30인 식을 만드시오. $2 \times 4 + 8 + 14 = 30$

태경   초이   지오   아인

여러 가지 답이 있습니다.

16   C5 연산

Chapter 4

복면산과 벌레 먹은 셈

10 덧셈 복면산

유명한 퍼즐리스트인 헨리 듀드니는 1924년 퍼즐 잡지 〈Strand Magazine〉에 다음과 같은 문제를 실었습니다.

헨리 듀드니는 잡지사에 원고료를 올려 달라는 요구를 문제로 나타낸 것입니다. 이 문제에서 같은 알파벳은 같은 숫자, 다른 알파벳은 다른 숫자를 나타냅니다. 몇 개의 알파벳을 숫자로 나타낸 다음 식을 보고, 나머지 알파벳이 나타내는 숫자를 모두 찾아 식을 완성하시오.

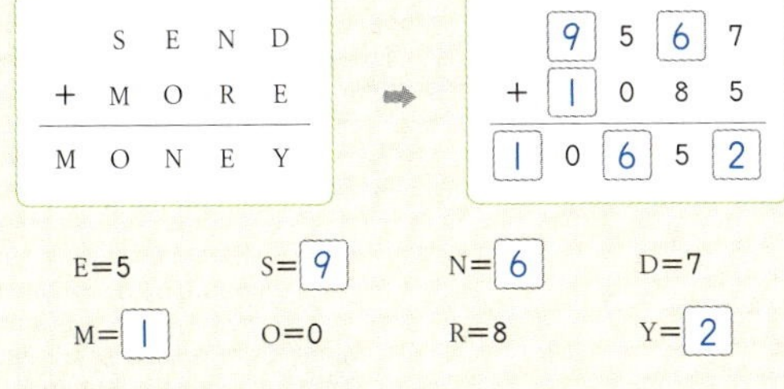

E=5   S=9   N=6   D=7

M=1   O=0   R=8   Y=2

다음 덧셈식에서 같은 색 구슬은 같은 숫자, 다른 색 구슬은 다른 숫자를 나타냅니다. □ 안에 알맞은 수를 써넣으시오.

받아올림이 없습니다.

●+●+1

받아올림하여 두 자리 수가 되었으므로 ●=9입니다.

●+●=●이므로 ●=0입니다.

●+●+●=●이므로 ●+●=10입니다.

개념 포인트

식을 이루는 숫자의 일부나 전부를 문자 또는 모양으로 나타낸 식을 **복면산**이라고 하며, 복면산에서 같은 문자와 모양은 같은 숫자, 다른 문자와 모양은 다른 숫자를 나타냅니다.

복면산으로 나타낸 덧셈식을 풀 때에는 계산 결과의 가장 높은 자리 숫자부터 생각합니다.

```
  가 나
+ 다 나
라 나 나
```
① 받아올림을 생각하여 라=1입니다.
② 나+나=나이므로 나=0입니다.
③ 가+다=10입니다.

단서 찾아 해결하기

다음 덧셈식에서 같은 알파벳은 같은 숫자, 다른 알파벳은 다른 숫자를 나타냅니다. 각 알파벳이 나타내는 숫자를 구해 봅시다.

```
  A B C
+   B D
C E E A
```

① A와 C가 나타내는 숫자를 찾아 오른쪽 식의 A와 C의 자리에 모두 써넣으시오.

② E가 나타내는 숫자를 찾아 ①의 E의 자리에 모두 써넣으시오.

③ D와 B가 나타내는 숫자를 차례로 구하여 ①의 식의 D, B의 자리에 모두 써넣으시오.

```
  9 5 1
+   5 8
1 0 0 9
```

④ 올바른 식인지 확인하고, 각 알파벳이 나타내는 숫자를 쓰시오.

A=9, B=5, C=1, D=8, E=0

[도형이 나타내는 수]

1 다음 덧셈식에서 같은 도형은 같은 숫자, 다른 도형은 다른 숫자를 나타냅니다. 각 도형이 나타내는 숫자를 각각 구하시오.

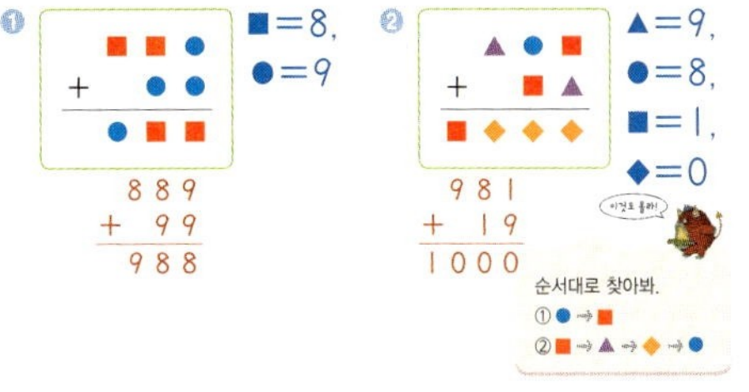

① ■=8, ●=9
```
  8 8 9
+   9 9
  9 8 8
```

② ▲=9, ●=8, ■=1, ◆=0
```
  9 8 1
+   1 9
1 0 0 0
```

순서대로 찾아봐.
① ● → ■
② ■ → ▲ → ● → ◆ → ●

[카드 복면산]

2 같은 색 카드에는 같은 숫자, 다른 색 카드에는 다른 숫자가 쓰여 있습니다. 다음 □에 알맞은 숫자를 모두 쓰시오. 4, 8

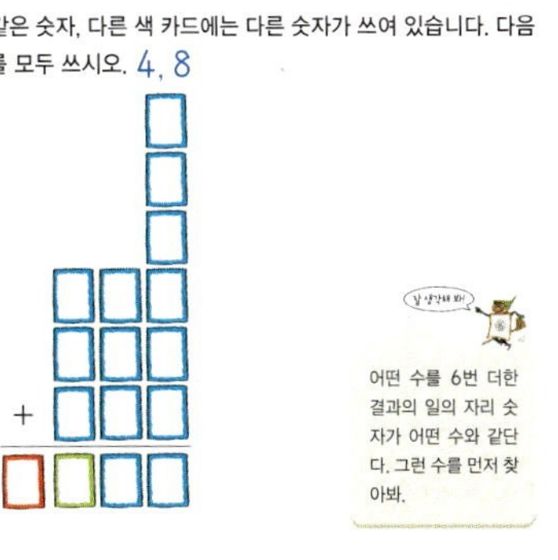

어떤 수를 6번 더한 결과의 일의 자리 숫자가 어떤 수와 같다. 그런 수를 먼저 찾아봐.

🐢 가정하여 해결하기

다음 덧셈식에서 같은 알파벳은 같은 숫자, 다른 알파벳은 다른 숫자를 나타냅니다. 각 알파벳이 나타내는 숫자를 구해 봅시다.

$$
\begin{array}{r}
A\ A\ A \\
B\ B\ B \\
+\ C\ C\ C \\
\hline
B\ A\ A\ C
\end{array}
$$

❶ B가 나타내는 숫자가 될 수 있는 숫자를 모두 쓰시오.

1, 2

❷ ❶에서 구한 B가 나타내는 숫자에 맞게 A, C가 나타내는 숫자를 완성할 수 있는 경우를 찾아 식을 완성하시오.

B= 1
$$
\begin{array}{r}
9\ 9\ 9 \\
1\ 1\ 1 \\
+\ 8\ 8\ 8 \\
\hline
1\ 9\ 9\ 8
\end{array}
$$

B= 2
$$
\begin{array}{r}
8\ 8\ 8 \\
2\ 2\ 2 \\
+\ \square\ \square\ \square \\
\hline
2\ 8\ 8\ \square
\end{array}
$$

❸ ❷의 식 중 올바른 덧셈식을 찾아 그 식을 만족하는 A, B, C를 쓰시오.

A=9, B=1, C=8

[가 구하기]

1 다음 덧셈 복면산에서 '가'가 나타내는 숫자를 각각 구하시오.

$$
\begin{array}{r}
148 \\
148 \\
+148 \\
\hline
444
\end{array}
\qquad
\begin{array}{r}
\text{가 나 다} \\
\text{가 나 다} \\
+\ \text{가 나 다} \\
\hline
\text{나 나 나}
\end{array}
$$

가: 1

$$
\begin{array}{r}
45 \\
45 \\
+54 \\
\hline
144
\end{array}
\qquad
\begin{array}{r}
\text{가 나} \\
\text{가 나} \\
+\ \text{나 가} \\
\hline
\text{다 가 가}
\end{array}
$$

가: 4

[숫자의 합]

2 다음 덧셈식에서 같은 요괴는 같은 숫자, 다른 요괴는 다른 숫자를 나타냅니다. 각 요괴가 나타내는 숫자의 합이 가장 큰 경우의 합을 구하시오. 31

$$
\begin{array}{r}
7952 \\
+\ \ \ 52 \\
\hline
8004
\end{array}
$$

7+9+5+2+8=31

---

11 벌레 먹은 셈

김씨가 인삼 가게를 찾아갔습니다.

김씨는 청나라에 가서 인삼을 모두 팔고 난 후 다시 인삼 가게를 찾았습니다. 인삼 가게 주인은 오래된 외상장부를 가지고 나왔습니다.

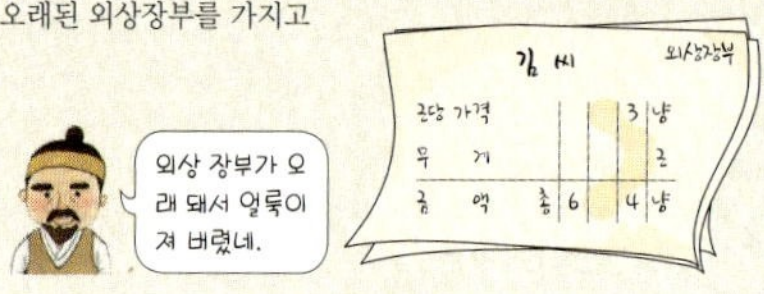

□ 안에 알맞은 수를 넣어 얼룩진 장부를 복원해 봅시다.

$$
\begin{array}{r}
8\ 3 \\
\times\ \ \ \square\ 8 \\
\hline
6\ 6\ 4
\end{array}
$$

김씨가 갚아야 될 인삼 값은 몇 냥입니까? 664냥

🌀 두 수의 합과 차가 다음과 같습니다. 두 수를 각각 구하시오.

합
$$
\begin{array}{r}
6\ 4\ 5 \\
+\ 2\ 8\ 6 \\
\hline
9\ 3\ 1
\end{array}
$$

차
$$
\begin{array}{r}
6\ 4\ 5 \\
-\ 2\ 8\ 6 \\
\hline
3\ 5\ 9
\end{array}
$$

645, 286

합
$$
\begin{array}{r}
5\ 1\ 3 \\
+\ 3\ 7\ 4 \\
\hline
8\ 8\ 7
\end{array}
$$

차
$$
\begin{array}{r}
5\ 1\ 3 \\
-\ 3\ 7\ 4 \\
\hline
1\ 3\ 9
\end{array}
$$

513, 374

🦁 노트 포인트

벌레 먹은 셈은 오른쪽과 같이 식을 이루는 숫자의 일부나 전체가 지워져 보이지 않는 식을 이야기합니다. 식의 지워진 모습이 벌레가 종이를 먹은 모습과 비슷하다고 하여 이름을 붙여졌습니다.

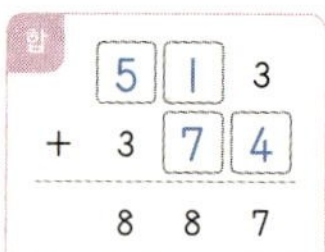

$$
\begin{array}{r}
4 \\
\times\ \ 2 \\
\hline
\end{array}
$$

① 벌레 먹은 덧셈식은 덧셈과 뺄셈의 관계와 받아올림을 생각하여 복원합니다.
② 벌레 먹은 뺄셈식은 덧셈과 뺄셈의 관계와 받아내림을 생각하여 복원합니다.
③ 벌레 먹은 곱셈식은 곱의 일의 자리 숫자와 받아올림을 생각하여 복원합니다.
④ 벌레 먹은 나눗셈식은 곱셈과 나눗셈의 관계를 생각하여 복원합니다.
⑤ 벌레 먹은 식을 복원한 후 완성된 식이 옳은지 반드시 확인합니다.

🐛 벌레 먹은 나눗셈

84
85

꼬마 요괴가 나눗셈식에서 숫자 몇 개를 지워버렸습니다. 다음 ☐ 안에 알맞은 수를 넣어 식을 복원해 봅시다.

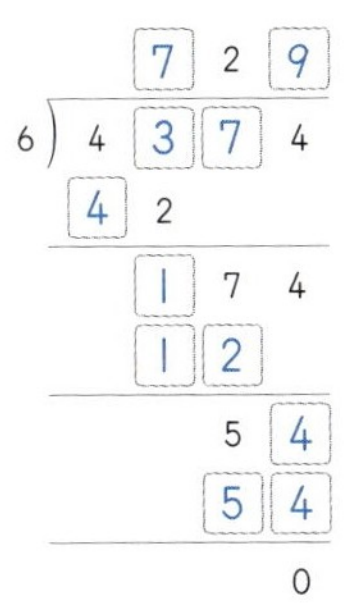

❶ 🟥. 🟦. 🟨 순서대로 ☐ 안에 수를 넣어가며
위 식을 복원하시오.

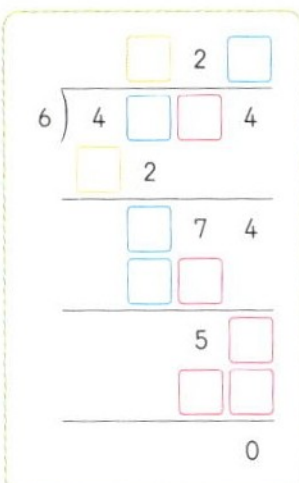

❷ 복원한 식이 올바른지 확인합니다.

[나눗셈식 복원]

1 다음 ☐ 안에 알맞은 수를 넣어 식을 복원하시오.

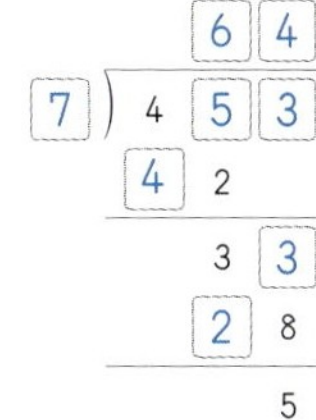

[나뉠 수]

2 다음 벌레 먹은 나눗셈식을 복원하였을 때, 나뉠 수가 될 수 있는 수를 모두 구
하시오.　314, 374

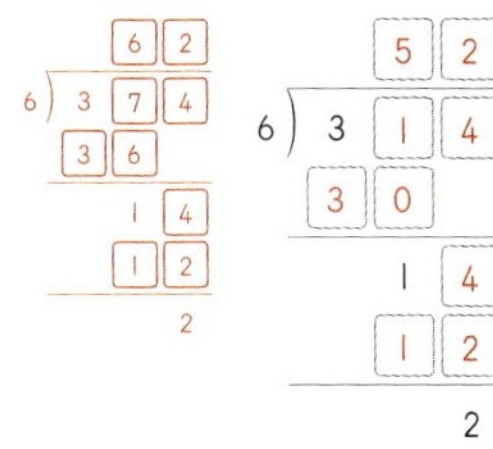

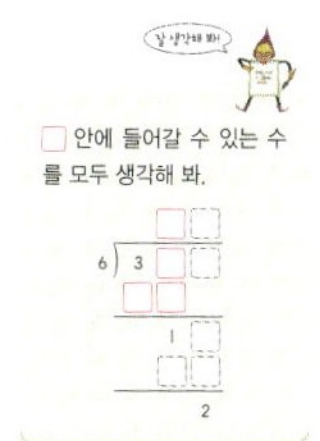

🐛 벌레 먹은 곱셈

86
87

다음 ☐ 안에 알맞은 수를 넣어 곱셈식을 복원해 봅시다.

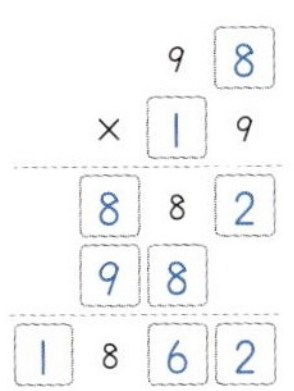

❶ 오른쪽 ☐에 알맞은 수를 위 식의 같은 자리에 써넣
으시오.
두 수를 더해 받아올림한 수는 l 입니다.

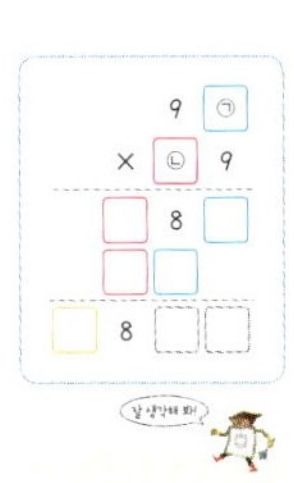

❷ 다음 식을 보고 ☐ 안에 알맞은 수를 모두 찾고, 위
식의 같은 자리에 써넣으시오.

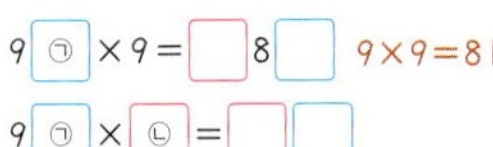
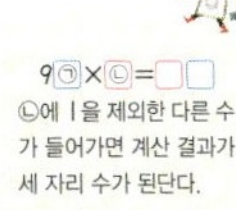

❸ 받아올림을 생각하여 ☐ 안에 알맞은 수를 찾고, 위 식의 같은 자리에 써넣으시
오.

❹ 남은 ☐ 안에 알맞은 숫자를 모두 써넣어 벌레 먹은 곱셈식을 완성하시오.

[곱셈식 복원]

1 다음 ☐ 안에 알맞은 수를 넣어 곱셈식을 복원하시오.

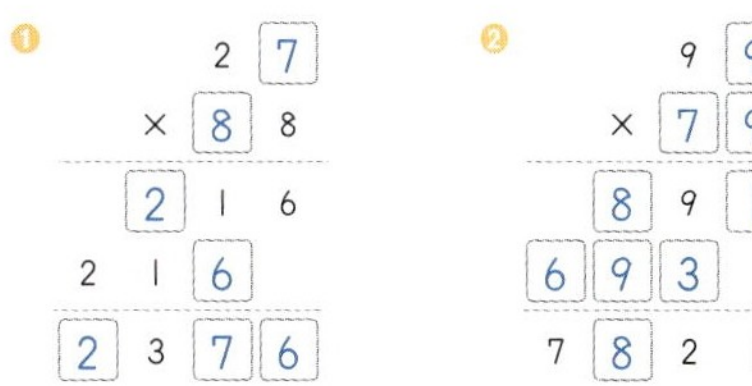

**두 수의 곱의 일의 자리 숫자가 6인 경우와 l인 경우를 생각하여 곱셈식을 복
원합니다.**

[두 가지 곱셈식]

2 벌레 먹은 곱셈식을 두 가지 방법으로 복원하
시오.

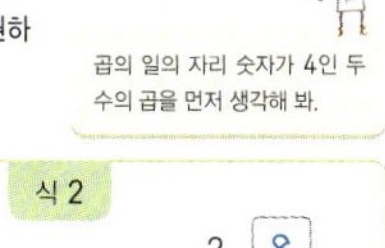

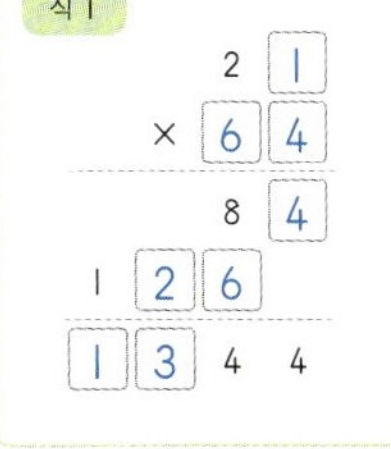

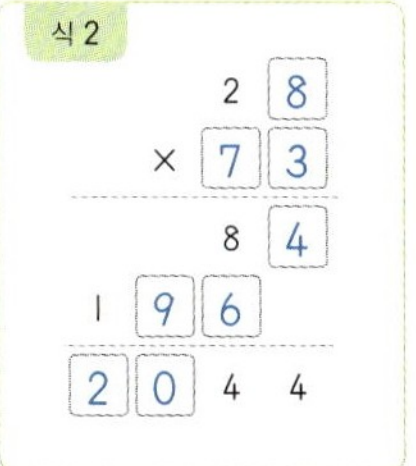

정답 및 해설　**19**

12 곱셈 복면산

태경이는 곱셈 복면산식 2개가 적혀 있는 종이를 받았습니다. 복면산의 각 도형이 나타내는 숫자가 적힌 공만 상자에서 꺼내면 태경이는 게임을 통과할 수 있습니다. 단, 필요한 공을 정확한 개수만큼 꺼내야 합니다.

다음 표의 빈칸에 태경이가 필요한 공의 개수를 쓰시오.

0	1	2	3	4	5	6	7	8	9
0	0	2	1	0	0	0	0	2	2	0

곱의 일의 자리 숫자를 보고 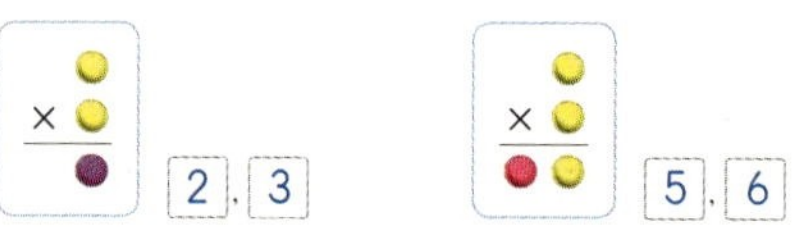가 나타내는 숫자가 될 수 있는 숫자를 모두 쓰시오.

2, 3   5, 6

다음을 만족하는 곱셈식을 모두 쓰시오. 단, 🟡과 🔴은 모두 1도 아니고, 5도 아닙니다.

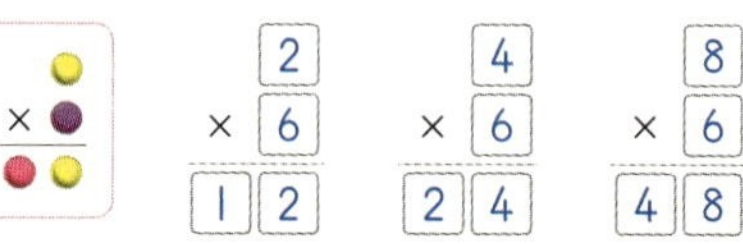

$$2 \times 6 = 12 \qquad 4 \times 6 = 24 \qquad 8 \times 6 = 48$$

노크 포인트

곱셈 복면산은 곱의 일의 자리 숫자를 이용하여 해결합니다.

가
× 가
─────
나 가   가는 5 또는 6입니다.

가
× 가
─────
나 다   가는 4, 7, 8, 9 중 하나입니다.

가
× 나
─────
다 가   가는 2, 4, 5, 8 중 하나입니다.

한 자리 복면산

두 카드 요정이 가진 식에서 같은 도형은 같은 숫자, 다른 도형은 다른 숫자를 나타냅니다. 두 카드 요정 중 계산 결과가 더 큰 식을 가진 요정을 찾아봅시다.

파스칼 요정   페르마 요정

❶ 파스칼 요정의 식에서 곱의 일의 자리만 보고 ●가 될 수 있는 숫자를 모두 쓰시오. 0, 2, 4, 6, 8

❷ 파스칼 요정의 식의 ●에 ❶에서 구한 숫자를 넣었을 때, 올바른 식을 만들 수 있는 ●는 무엇입니까? 또한, 그 때의 ■는 얼마입니까? ●=4, ■=7

❸ ❷에서 찾은 ●와 ■를 페르마 요정의 식에 넣어 ▲와 ◆를 구하시오.
▲=3, ◆=2

❹ 두 요정의 계산 결과는 얼마입니까? 계산 결과가 더 큰 식을 가진 요정을 쓰시오. 파스칼 요정 444, 페르마 요정 322, 파스칼 요정

[한 식 복면산]

1 다음 곱셈식에서 같은 알파벳은 같은 숫자, 다른 알파벳은 다른 숫자를 나타냅니다. 각 알파벳이 나타내는 숫자를 구하시오. A=9, B=1, C=8

$$\begin{array}{r} A\ B\ B \\ \times\quad A \\ \hline C\ B\ A\ A \end{array}$$

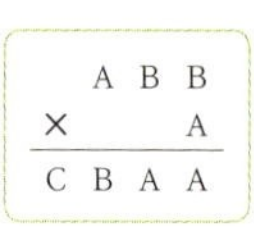

$$\begin{array}{r} 9\ 1\ 1 \\ \times\quad 9 \\ \hline 8\ 1\ 9\ 9 \end{array}$$

[세 식 복면산]

2 같은 모양은 같은 숫자, 다른 모양은 다른 숫자를 나타냅니다. 각 도형이 나타내는 숫자를 모두 구하시오. ■=6, ●=3, ▲=8, ◆=1

■, ●, ▲, ◆ 순서로 도형이 나타내는 숫자를 구합니다.
■×■=□■인 것을 생각하여 ■를 구합니다.

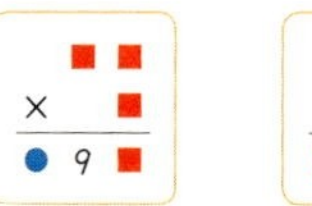

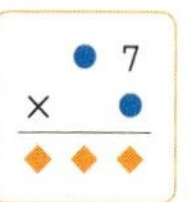

$$\begin{array}{r} 6\ 6 \\ \times\ 6 \\ \hline 3\ 9\ 6 \end{array} \qquad \begin{array}{r} 8\ 6 \\ \times\ 8 \\ \hline 6\ 8\ 8 \end{array} \qquad \begin{array}{r} 3\ 7 \\ \times\ 3 \\ \hline 1\ 1\ 1 \end{array}$$

🗿 두 자리 복면산

다음 곱셈식에서 같은 알파벳은 같은 숫자, 다른 알파벳은 다른 숫자를 나타냅니다.
D가 나타내는 숫자를 구해 봅시다.

$$\begin{array}{r} A\ B \\ \times\ A\ B \\ \hline C\ B \\ A\ B \\ \hline D\ D\ B \end{array}$$

❶ 오른쪽 ②의 계산에서 A가 나타내는 숫자를 쓰시오.

② AB×A＝AB   A＝1

$$\begin{array}{r} A\ B \\ \times\ A\ B \\ \hline C\ B \leftarrow① \\ A\ B\ \ \leftarrow② \\ \hline D\ D\ B \end{array}$$

❷ ①의 계산식에서 B가 될 수 있는 숫자를 모두 쓰시오.

① AB×B＝CB   5, 6

❸ ❶, ❷에서 구한 A와 B가 나타내는 숫자에 맞게 식을 쓰고 계산하시오.

B=5

$$\begin{array}{r} 1\ 5 \\ \times\ 1\ 5 \\ \hline 7\ 5 \\ 1\ 5 \\ \hline 2\ 2\ 5 \end{array}$$

B=6

$$\begin{array}{r} 1\ 6 \\ \times\ 1\ 6 \\ \hline 9\ 6 \\ 1\ 6 \\ \hline 2\ 5\ 6 \end{array}$$

❹ ❸의 두 개의 식 중 복면산에 맞는 식을 찾아 알파벳이 나타내는 숫자를 쓰시오.
A＝1, B＝5, C＝7, D＝2
B＝6인 경우는 D가 모두 같은 숫자를 나타내지 않으므로 복면산의 조건을 만족
하지 않습니다.

[도형의 합]
1 곱셈식에서 같은 도형은 같은 숫자, 다른 도형은 다른 숫자를 나타냅니다. 각 도형이 나타내는 숫자의 합을 구하시오. 7

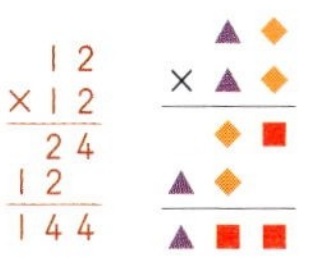

$$\begin{array}{r} 1\ 2 \\ \times\ 1\ 2 \\ \hline 2\ 4 \\ 1\ 2 \\ \hline 1\ 4\ 4 \end{array}$$

▲＝1, ◆＝2, ■＝4
1＋2＋4＝7

[가로 복면산]
2 곱셈식에서 같은 도형은 같은 숫자, 다른 도형은 다른 숫자를 나타냅니다. 각 도형이 나타내는 숫자를 찾아 식을 완성하시오.

❶ AA×AA＝BCB

➡ 2 2 × 2 2 ＝ 4 8 4

❷ AAA×AA＝ABBA

➡ 1 1 1 × 1 1 ＝ 1 2 2 1

👧 창의적 문제해결력

1 두 수의 합과 곱이 다음과 같습니다. 같은 도형은 같은 숫자, 다른 도형은 다른 숫자를 나타낸다고 할 때, 각 도형이 나타내는 숫자를 구하시오. (단, ●는 ■보다 작습니다.) ●＝2, ◆＝4, ■＝3, ▲＝7

$$\begin{array}{r} 2\ 4 \\ +\ \ 3 \\ \hline 2\ 7 \end{array} \qquad \begin{array}{r} 2\ 4 \\ \times\ \ 3 \\ \hline 7\ 2 \end{array}$$

●◆×■＝▲●이므로 ■는 1이 아니고, 또한 곱이 두 자리 수이므로,
●×■가 받아올림되지 않는 것을 알 수 있습니다.
●◆＋■＝●▲이므로 ◆＋■는 한 자리 수임을 알 수 있습니다. 이런 조건을
만족하는 숫자를 찾아 넣어가며 각 도형이 나타내는 숫자를 구합니다.

2 다음 식에서 같은 알파벳은 같은 숫자를 나타냅니다. □ 안에 알맞은 수를 넣어 식을 완성하시오.

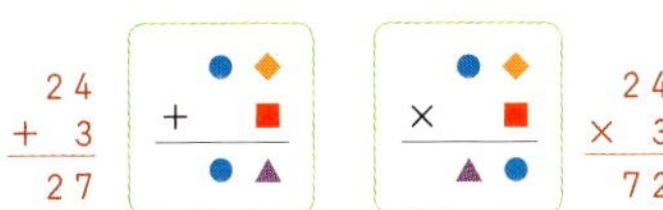

$$\begin{array}{r} 4\ 3\ 7 \\ A\ )\ 2\ 1\ 8\ 5 \\ 2\ 0 \\ \hline 1\ 8 \\ 1\ 5 \\ \hline 3\ 5 \\ 3\ A \\ \hline 0 \end{array}$$

3 다음 식에서 같은 알파벳은 같은 숫자, 다른 알파벳은 다른 숫자를 나타냅니다. 계산 결과가 될 수 있는 수를 모두 구하시오. 1440, 1660, 1880

$$\begin{array}{r} A\ B\ C \\ +\ A\ B\ C \\ \hline D\ E\ E\ C \end{array}$$

$$\begin{array}{r} 720 \\ +720 \\ \hline 1440 \end{array} \qquad \begin{array}{r} 830 \\ +830 \\ \hline 1660 \end{array} \qquad \begin{array}{r} 940 \\ +940 \\ \hline 1880 \end{array}$$

C＝0, D＝1입니다. B＋B＝□E이므로, E는 짝수입니다.
E가 짝수인 경우를 하나씩 따져가며 계산 결과가 될 수 있는 수를 찾습니다.

4 같은 글자는 같은 숫자, 다른 글자는 다른 숫자를 나타낼 때, □ 안에 알맞은 수를 넣어 식을 완성하시오.

$$\begin{array}{r} 가\ 나 \\ \times\ 나\ 가 \\ \hline 5\ 0\ 4 \\ 1\ 4\ 4 \\ \hline 1\ 9\ 4\ 4 \end{array}$$

가나×나＝□44에서 나는 2 또는 8인데 이 중 식을 만족하는 것은 2입니다.
가나×가＝□4에서 가＝7임을 알 수 있습니다.

MEMO

MEMO

1 다음은 받아올림 없이 두 자리 수끼리의 곱셈을 계산하는 과정입니다. ☐ 안에 알맞은 수를 써넣으시오.

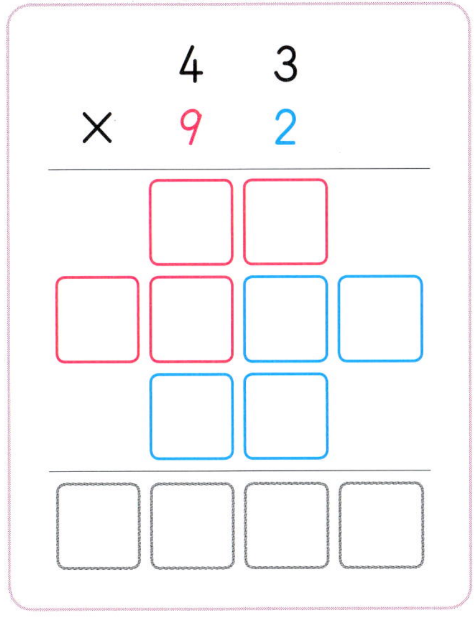 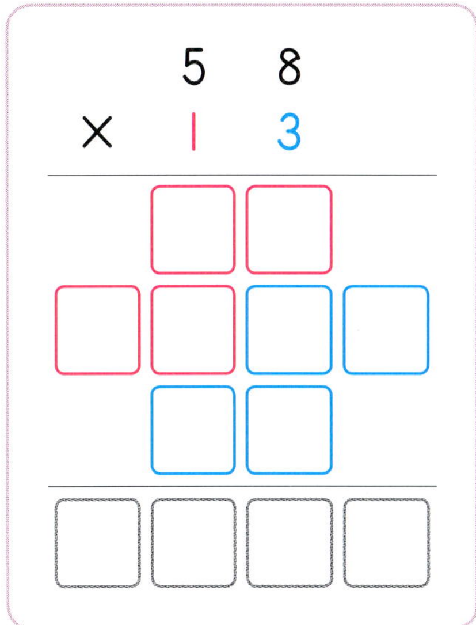

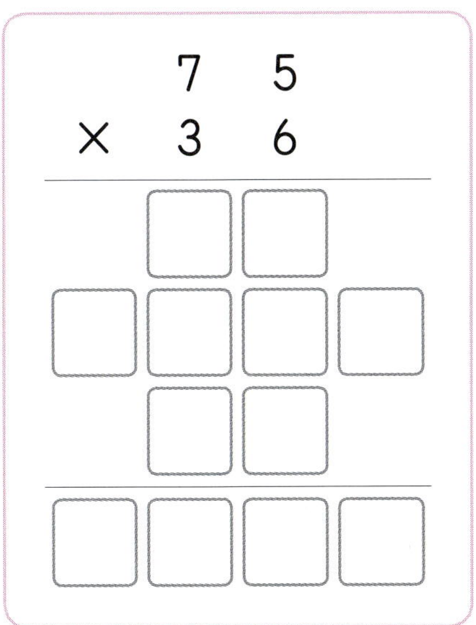

창의적 문제해결력

1 다음 식을 문살 곱셈법과 네이피어 곱셈법으로 계산을 하시오.

$$26 \times 31 = \boxed{}$$

문살 곱셈법

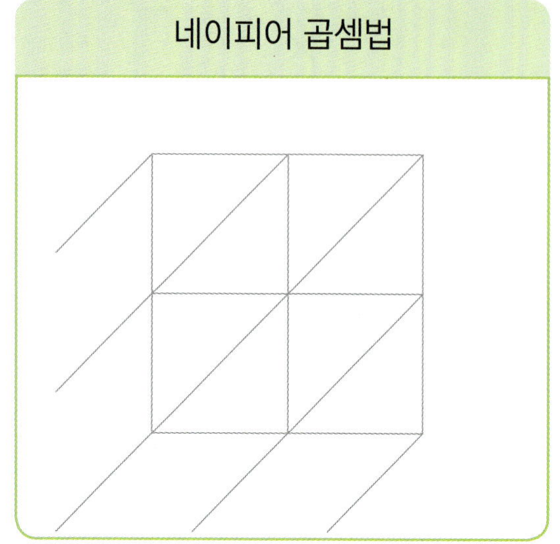

네이피어 곱셈법

2 일의 자리 숫자가 5인 두 자리 수의 곱을 구한 것입니다. 규칙을 찾아 다음 계산을 하시오.

```
    1 5          2 5          3 5          4 5
  × 1 5        × 2 5        × 3 5        × 4 5
  ───────      ───────      ───────      ───────
    2 2 5        6 2 5      1 2 2 5      2 0 2 5
```

❶
```
    5 5
  × 5 5
  ───────
```

❷
```
    8 5
  × 8 5
  ───────
```

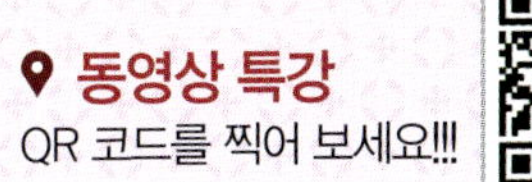

3 다음은 십의 자리 숫자가 1인 두 자리 수의 곱을 구한 것입니다. 규칙을 찾아 다음 계산을 하시오.

$$12 \times 14 = 100 + 60 + 8 = 168$$
$$15 \times 13 = 100 + 80 + 15 = 195$$
$$11 \times 19 = 100 + 100 + 9 = 209$$

❶ 14×18

❷ 17×16

4 이집트 곱셈 방법을 변형한 것입니다. 같은 방법으로 다음 계산을 하시오.

30	×	8
1		8
✓ 3		24
9		72
✓ 27		216
30		240

$$30 \times 8 = 240$$

$$37 \quad \times \quad 11$$

$$37 \times 11 = \boxed{}$$

2

합과 곱

연속수의 합

다음과 같이 책이 놓여 있습니다. 태경이와 지오는 각각 다른 방법으로 책이 모두 몇 권인지 구하였습니다.

책은 모두 몇 권인지 태경이와 지오의 방법으로 각각 구해 보시오.

태경이의 방법

$$\boxed{}+\boxed{}+\boxed{}=\boxed{}\text{(권)}$$

지오의 방법

$$\boxed{}×\boxed{}=\boxed{}\text{(권)}$$

다음을 보고 덧셈식을 계산 결과가 같은 곱셈식으로 바꾸어 나타내시오.

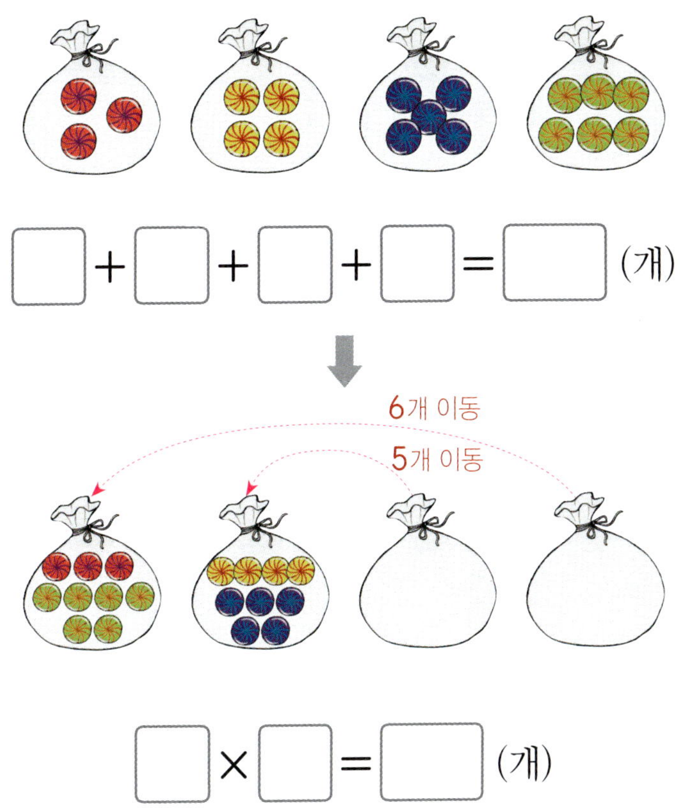

□ + □ + □ + □ = □ (개)

□ × □ = □ (개)

노크 포인트

크기가 일정하게 커지는 수의 합은 다음과 같은 방법으로 구할 수 있습니다.

① 중앙수 계산법

수가 홀수 개인 경우, 수 중에서 중앙에 있는 수(중앙수)를 이용하여 계산하는 방법입니다.

$$1+2+3+4+5+6+7 = 4 \times 7 = 28$$

중앙수   중앙수   수의 개수

② 짝짓기 계산법

수가 짝수 개인 경우, 합이 모두 같도록 두 수씩 짝을 지어 계산하는 방법입니다.

$$1+2+3+4+5+6 = 7 \times 3 = 21$$

두 수의 합   묶음의 수

7
7
7

중앙수 계산법

다음과 같이 숫자 카드가 놓여 있습니다. 카드에 있는 수의 합을 곱셈식을 이용하여 구해 봅시다.

❶ 짝을 지은 두 수가 같아지도록 큰 수에서 작은 수로 알맞게 수를 옮기시오.

❷ 짝지은 두 수가 같아지도록 모두 옮기면 7개의 수는 모두 중앙수인 □ 과 같습니다.

홀수 개의 수가 있을 때, 가운데 있는 수를 중앙수라고 한단다.

❸ 중앙수를 사용하여 수의 합을 구하는 덧셈식과 곱셈식을 완성하시오.

$$\Box + \Box + \Box + 6 + \Box + \Box + \Box = \Box \times 7$$

❹ 수의 합을 구하시오.

1 주머니 안에 조건에 맞게 연속하는 수가 적힌 구슬이 들어 있습니다. 꼬마 요괴는 두 개의 주머니에서 각각 중앙수가 적힌 구슬을 찾아 가지려고 합니다. 요괴가 가지려고 하는 구슬에 적힌 수의 합을 구하시오.

2 초이는 어느 쪽부터 시작하여 연속하여 11쪽을 읽었습니다. 초이가 읽은 모든 쪽수의 합이 121쪽이라고 할 때, 초이는 몇 쪽까지 읽은 것인지 구하시오.

짝짓기 계산법

대마법사 멀린이 짝짓기 계산법을 설명하고 있습니다. 짝짓기 계산법은 일정하게 커지는 수들이 짝수 개 있는 경우 합을 구하는 방법입니다. 다음 설명을 보고 1부터 10까지 수의 합을 구해 봅시다.

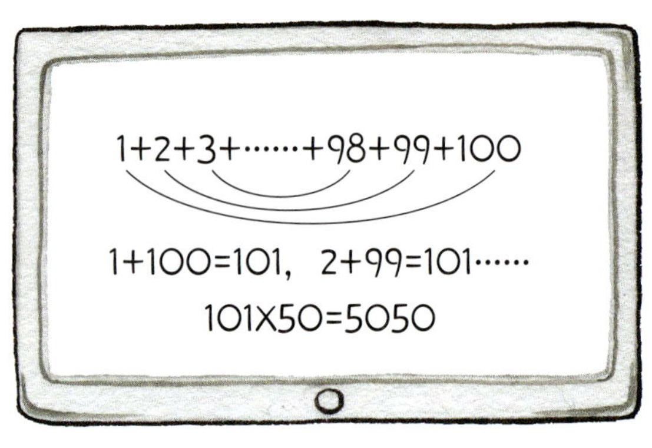

❶ 1부터 10까지의 수를 위와 같이 두 수씩 짝을 지으시오.

$$1 \quad 2 \quad 3 \quad 4 \quad 5 \quad 6 \quad 7 \quad 8 \quad 9 \quad 10$$

가장 작은 수와 가장 큰 수, 그 다음 작은 수와 그 다음 큰 수,……. 이렇게 짝을 지어야 한단다.

❷ ❶에서 짝지은 두 수의 합은 모두 얼마입니까? 또, 합이 같은 쌍이 모두 몇 쌍입니까?

❸ ☐ 안에 알맞은 수를 써넣고 1부터 10까지의 합을 구하시오.

$$1+2+3+4+5+6+7+8+9+10= \boxed{} \times \boxed{} = \boxed{}$$

1 다음 수들의 합을 구하시오.

합이 같도록 두 수씩 짝을 지어 보렴. 합이 같은 쌍이 모두 몇 쌍인지 생각해 봐.

❶ 1부터 20까지의 수 중 홀수의 합

$$1+3+5+\cdots\cdots+15+17+19$$

❷ 1부터 20까지의 수 중 짝수의 합

$$2+4+6+\cdots\cdots+16+18+20$$

[연속수의 합]

2 연속수의 합을 곱셈식을 사용하여 구하려고 합니다. ☐ 안에 알맞은 수를 써넣고, 연속수의 합을 구하시오. 단, 가장 큰 수는 40보다 작습니다.

$$5+6+7+8+\cdots\cdots+\boxed{}=35\times\boxed{}=\boxed{}$$

가장 작은 수와 가장 큰 수의 합이 35인 거야.

색칠한 수의 합

멍하니 요괴가 **7**월 달력에서 자신의 생일을 찾고 있습니다.

멍하니 요괴

7월

일	월	화	수	목	금	토
		1	2	3	4	5
6	7	8	9	10	11	12
13	14	15	16	17	18	19
20	21	22	23	24	25	26
27	28	29	30	31		

멀린

일주일은 7일이므로 달력의 수의 합을 중앙수 계산법을 사용하여 구할 수 있습니다. 다음 ☐ 안에 알맞은 수를 써넣으시오.

$$\boxed{} \times 7 = 161$$

위의 ☐ 안의 수는 생일이 있는 주의 어느 요일의 날짜입니까?

멍하니 요괴의 생일은 몇 월 며칠입니까?

어느 해 6월 달력입니다. 달력에 연속으로 색칠한 수의 합을 곱셈식을 이용하여 구하려고 합니다. ☐ 안에 알맞은 수를 써넣으시오.

6월

일	월	화	수	목	금	토
					1	2
3	4	5	6	7	8	9
10	11	12	13	14	15	16
17	18	19	20	21	22	23
24	25	26	27	28	29	30

■ 안의 수의 합: $12 \times \boxed{} = \boxed{}$

■ 안의 수의 합: $\boxed{} \times \boxed{} = \boxed{}$

노크 포인트

달력이나 수 배열표에는 일정한 규칙에 따라 수가 쓰여 있으므로 중앙수 계산법 또는 짝짓기 계산법을 사용하여 수의 합을 구할 수 있습니다.

1	2	3	4	5
6	7	8	9	10
11	12	13	14	15
16	17	18	19	20

☐ 안 수의 합

$16+17+18+19+20 = 18 \times 5 = 90$

중앙수   중앙수 수의 개수

☐ 안 수의 합

$3+8+13+18 = 21 \times 2 = 42$

두 수의 합 묶음의 수

다음 수 배열표에서 색칠한 수의 합은 306입니다. 이와 같은 모양으로 9칸을 색칠했을 때, 색칠한 수의 합이 243이라면 색칠한 수 중 가장 작은 수는 얼마인지 구해 봅시다.

11	12	13	14	15	16	17	18	19	20
21	22	23	24	25	26	27	28	29	30
31	32	33	34	35	36	37	38	39	40
41	42	43	44	45	46	47	48	49	50
51	52	53	54	55	56	57	58	59	60

❶ 색칠한 수에서 마주 보는 두 수가 같아지도록 큰 수에서 작은 수로 수를 옮기시오. 같아진 수를 표의 빈칸에 모두 쓰고, 수의 합을 구하는 곱셈식을 완성하시오.

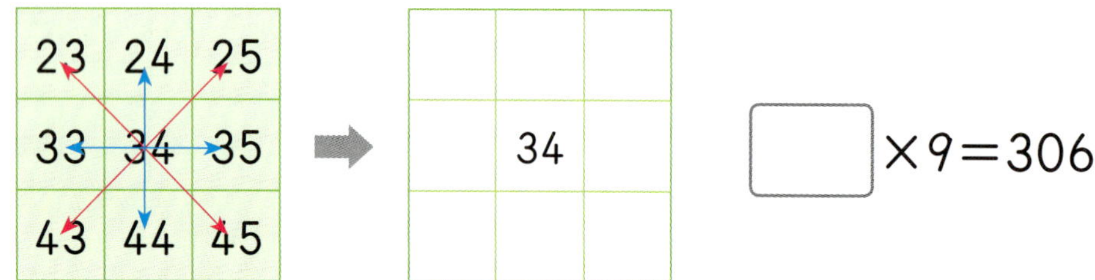

❷ 합이 243인 수 9개의 합을 곱셈식으로 나타내려고 합니다. 다음 곱셈식을 완성하고, 9개의 수 중 중앙수를 ☐ 안에 써넣으시오.

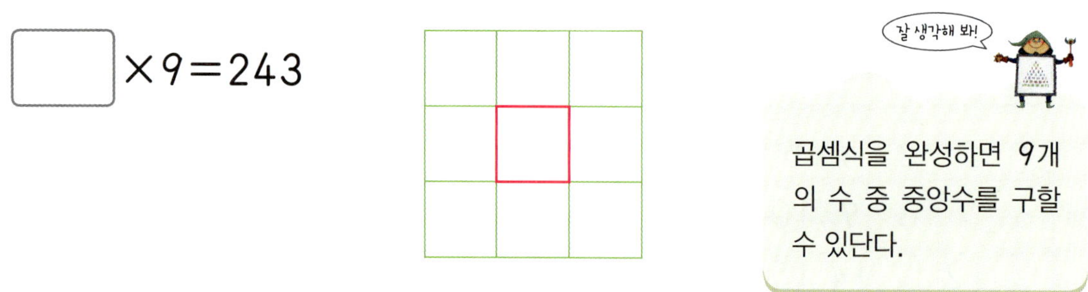

곱셈식을 완성하면 9개의 수 중 중앙수를 구할 수 있단다.

❸ 합이 243인 9개의 수 중 가장 작은 수는 무엇입니까?

1 다음 표에서 색칠한 6개의 수의 합을 곱셈식을 이용하여 구하시오.

21	22	23	24	25	26	27	28	29	30
31	32	33	34	35	36	37	38	39	40
41	42	43	44	45	46	47	48	49	50

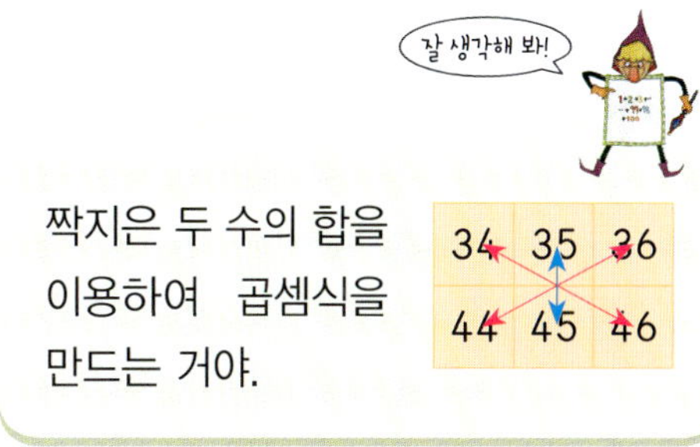

2 지오가 다음과 같이 8개의 수를 색칠하였고, 아인이도 같은 모양으로 8개의 수를 색칠하였습니다. 아인이가 색칠한 수의 합이 312라고 할 때, 색칠한 가장 큰 수를 구하시오.

1	2	3	4	5	6	7	8	9	10
11	12	13	14	15	16	17	18	19	20
21	22	23	24	25	26	27	28	29	30
31	32	33	34	35	36	37	38	39	40
41	42	43	44	45	46	47	48	49	50

지오   아인

주어진 모양과 같이 색칠하였을 때 색칠한 수의 합이 다음과 같습니다. 수 배열표에서
모양의 위치를 찾아 색칠하여 봅시다.

1	2	3	4	5	6	7	8	9	10
11	12	13	14	15	16	17	18	19	20
21	22	23	24	25	26	27	28	29	30
31	32	33	34	35	36	37	38	39	40
41	42	43	44	45	46	47	48	49	50

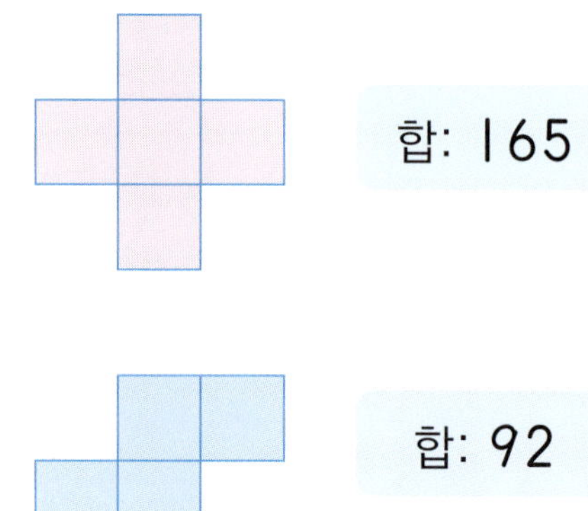

❶ 오른쪽 모양으로 수 배열표를 칠했을 때, 색칠한 수의 합
은 중앙수 계산법을 사용하여 구할 수 있습니다. 수의 합이
165일 때 중앙수를 구하고, 중앙수가 들어갈 칸의 기호를
쓰시오.

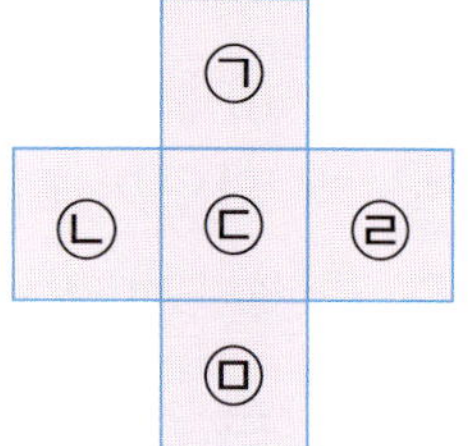

❷ 오른쪽 모양으로 수 배열표를 칠했을 때 색칠한 네 수를 합
이 서로 같도록 둘씩 짝지으려고 합니다. ☐ 안에 알맞은 기
호를 쓰시오.

(㉺ , ☐), (☐ , ☐)

❸ 네 수의 합이 92일 때 ❷에서 짝지은 두 수의 합을 구하시오.

❹ 수 배열표에 ㉢의 위치와 ㉺, ㉫의 위치에 맞게 모양을 각각 색칠하시오.

1 다음 수 배열표에서 색칠한 수의 합을 곱셈식을 이용하여 구하시오.

1	6	11	16	21	26	31
2	7	12	17	22	27	32
3	8	13	18	23	28	33
4	9	14	19	24	29	34
5	10	15	20	25	30	35

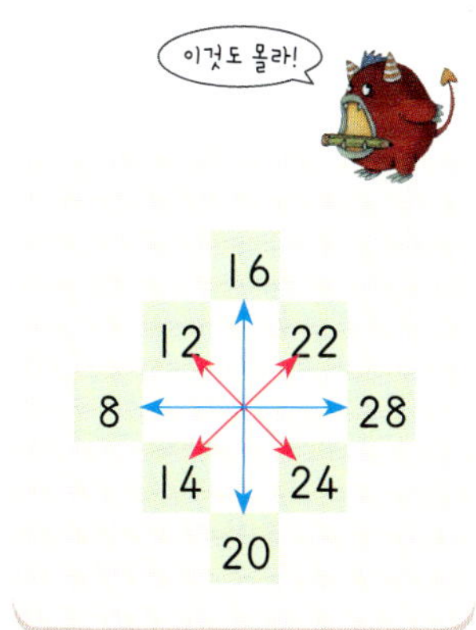

2 일정한 규칙에 따라 수가 적힌 표에 다음과 같은 모양으로 수 5개를 색칠하였습니다. 색칠한 수의 합이 150일 때, 색칠한 수 중 가장 작은 수와 가장 큰 수를 구하시오.

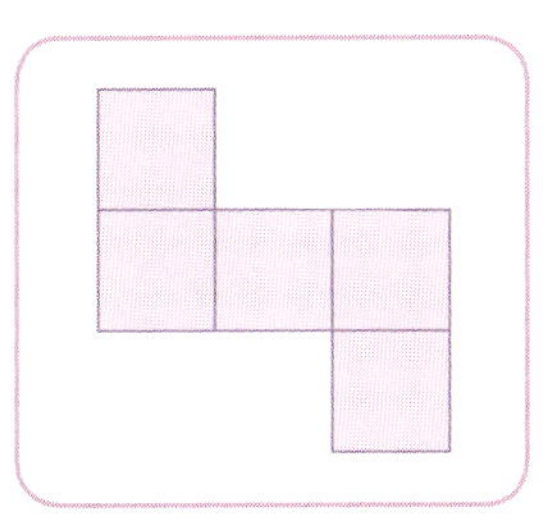

1	2	3	4	5	6	7	8
9	10	11	12	13	14	15	16
17	18	19	20	21	22	23	24
25	26	27	28	29	30	31	32
33	34	35	36	37	38	39	40

중앙수 계산법을 사용하렴. 어느 칸에 중앙수가 들어가는지 생각해 봐.

6 연속수로 나타내기

아인이는 사탕 15개를 5개의 주머니에 연속하는 개수가 되도록 나누어 담고, 자신의 방법을 노트에 정리하였습니다. 홀수 개의 연속수로 나누는 방법을 알아봅시다.

① 사탕 15개와 주머니 5개를 준비해.

② 15÷5=3이니까 주머니에 모두 3개씩 담아.

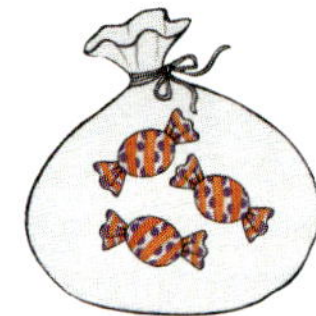

③ 첫 번째 주머니에서 2개를 꺼내 마지막 주머니로, 두 번째 주머니에서 1개를 꺼내 네 번째 주머니로 옮겨 줘.

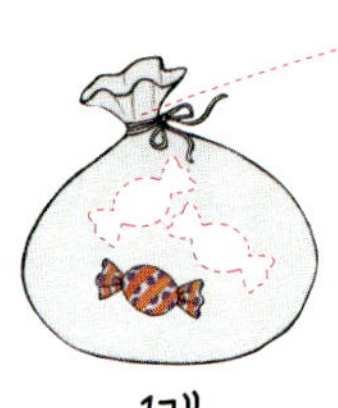

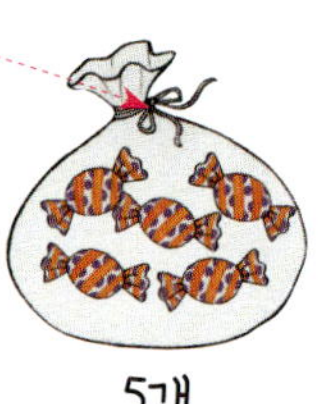

④ 짜잔~ 주머니에 1부터 5까지 연속수의 개수로 사탕을 넣었어!

45개의 사탕을 연속수의 개수가 되도록 주머니 안에 나누어 담았습니다. 적은 개수가 들어 있는 주머니부터 왼쪽부터 차례대로 놓았을 때, ☐ 안에 알맞은 수나 기호를 써넣으시오.

● 6개의 주머니에 담았을 때

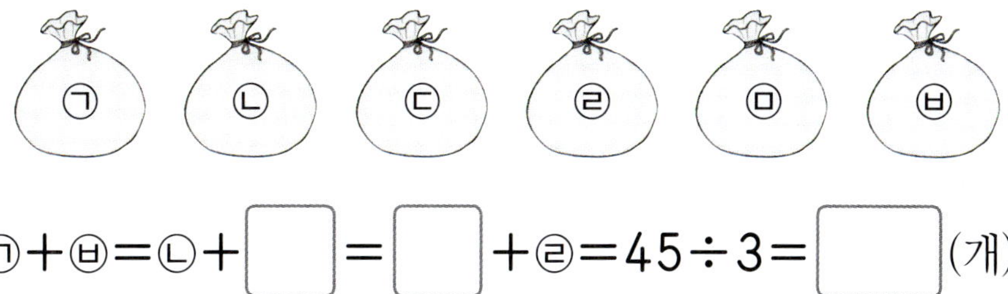

$$㉠+㉮=㉡+\boxed{}=\boxed{}+㉣=45÷3=\boxed{}\ (개)$$

● 9개의 주머니에 담았을 때

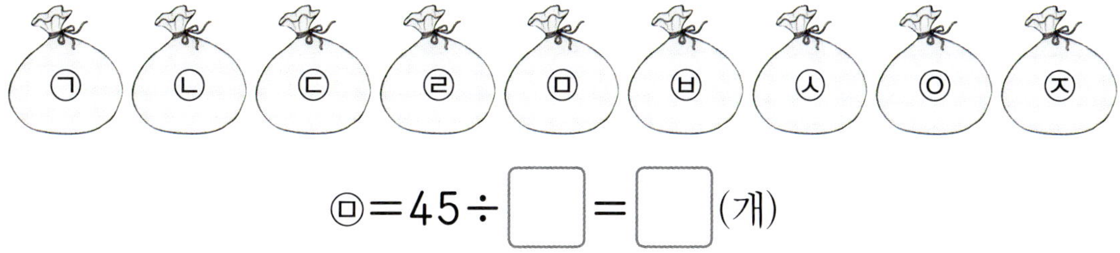

$$㉢=45÷\boxed{}=\boxed{}\ (개)$$

1, 2, 3, 4와 같이 연속하는 수를 연속수라고 합니다.

① 중앙수를 사용하여 30을 홀수 개의 연속수의 합으로 나타낼 수 있습니다.

$$30÷3=\underline{10} → 9, 10, 11 \qquad 30÷5=\underline{6} → 4, 5, 6, 7, 8$$
수의 개수 　중앙수 　　　　　　　　수의 개수 　중앙수

② 짝짓기 계산법을 활용하여 30을 짝수 개의 연속수의 합으로 나타낼 수 있습니다.

$$가+나+다+라=30, 나+다=30÷2=15, 나=7, 다=8 → 6, 7, 8, 9$$

연속수가 홀수 개

15는 1＋2＋3＋4＋5와 같이 어떤 수를 연속하는 다섯 수의 합으로 나타낼 수 있습니다. 연속하는 수의 합이 다음과 같을 때, 연속수 중 가장 큰 수를 알아봅시다.

> • 연속하는 다섯 수의 합이 105일 때
> • 연속하는 일곱 수의 합이 105일 때

❶ 위의 연속수의 합을 다음과 같이 나타내었습니다. 연속수를 작은 수부터 차례로 쓴다고 할 때, ☐ 안에 알맞은 수를 써넣으시오.

$$\boxed{}+\boxed{}+\boxed{}+\boxed{}+\boxed{}=105$$

$$\boxed{}+\boxed{}+\boxed{}+\boxed{}+\boxed{}+\boxed{}+\boxed{}=105$$

❷ 연속수를 넣어 ❶의 덧셈식을 모두 완성하시오.

❸ ❶의 덧셈식이 올바른지 확인하고, 연속수 중 가장 큰 수를 각각 구하시오.

[연속수의 합]

1 연속수를 사용하여 다음 식을 완성하시오.

① ☐ + ☐ + ☐ = 45

② ☐ + ☐ + ☐ + ☐ + ☐ = 45

[연속수의 합]

2 연속하는 수가 적힌 5장의 카드가 있습니다. 작은 수가 적힌 카드부터 차례대로 놓았을 때, ㉡과 ㉣의 합은 114입니다. ㉢을 구하시오.

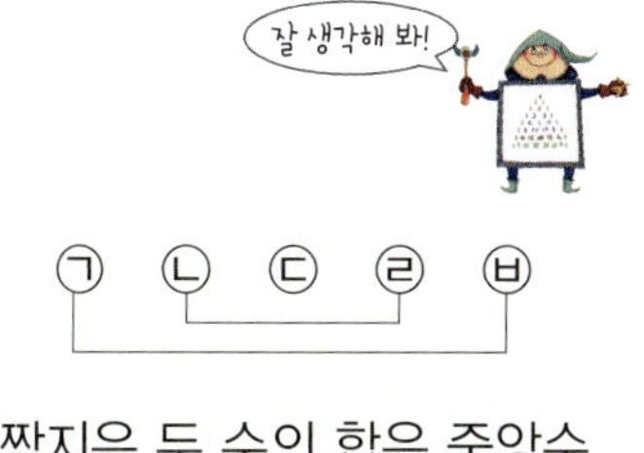

짝지은 두 수의 합은 중앙수 ㉢의 2배란다.

연속수가 짝수 개

태경, 초이, 지오, 아인이는 앞사람이 말한 수보다 1 큰 수를 차례로 이야기하고 있습니다. 네 사람이 말한 수의 합이 254라고 할 때, 가장 작은 수를 말한 태경이의 수는 무엇인지 구해 봅시다.

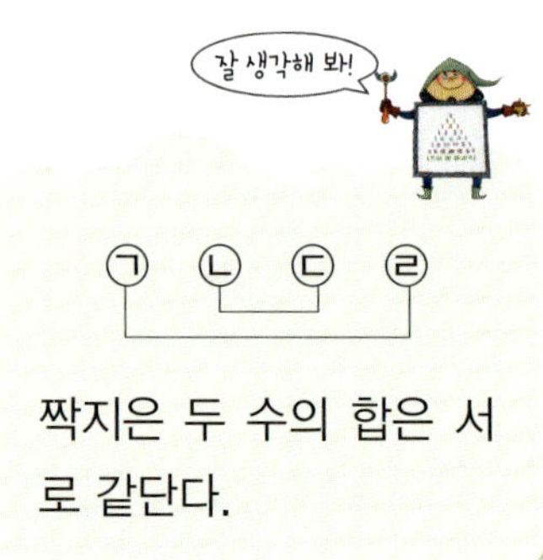

❶ 연속수의 합이 254일 때 ㉠과 ㉣, ㉡과 ㉢의 합을 각각 구하시오.

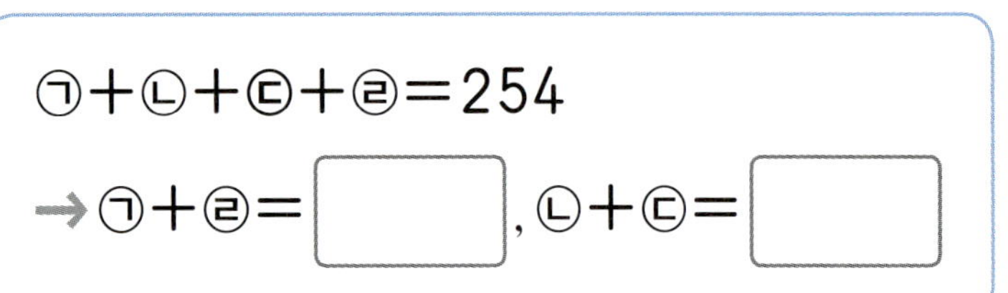

㉠+㉡+㉢+㉣=254

→ ㉠+㉣= ☐ , ㉡+㉢= ☐

❷ ㉡과 ㉢은 연속수입니다. 두 수의 차를 구하시오.

❸ 합과 차를 이용하여 두 수 ㉡, ㉢을 각각 구하시오.

❹ 태경이가 말한 수는 무엇입니까?

1 연속수가 적힌 구슬 8개가 있습니다. 구슬에 적힌 수의 합은 148입니다. 꼬마 요괴가 홀수가 적힌 구슬을 모두 먹어버렸습니다. 남은 구슬에 적힌 수의 합을 구하시오.

[주사위]

2 한 면에 한 개씩 모두 6개의 수가 있는 주사위가 있습니다. 6개의 수는 모두 연속하는 수이고, 수의 합을 구하면 63입니다. 주사위의 수를 사용하여 다음 덧셈식을 완성하시오.

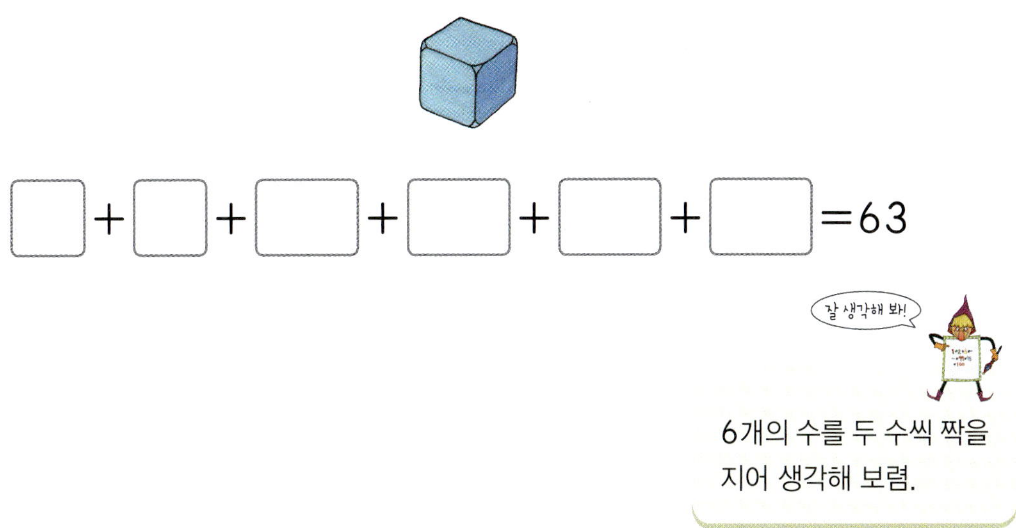

☐ + ☐ + ☐ + ☐ + ☐ + ☐ = 63

6개의 수를 두 수씩 짝을 지어 생각해 보렴.

1 연속하는 두 자리 수가 5개 있습니다. 이 수들의 십의 자리 숫자의 합이 8이라고 할 때, 5개 수의 합을 구하시오.

2 1, 2, 3과 같이 연속하는 수가 있습니다. 이 연속수의 가장 처음 수는 15, 가장 마지막 수는 28입니다. 연속수의 합을 구하시오.

$$15+16+17+\cdots\cdots+26+27+28$$

3 어느 달의 달력에 다음과 같은 모양으로 3개의 수를 묶어서 합을 구하려고 합니다. 합이 될 수 있는 수가 아닌 것을 모두 고르시오.

월	화	수	목	금	토	일
	1	2	3	4	5	6
7	8	9	10	11	12	13
14	15	16	17	18	19	20
21	22	23	24	25	26	27
28	29	30	31			

① 69   ② 27   ③ 34   ④ 66   ⑤ 52

4 63을 3가지 방법으로 연속하는 수의 합으로 나타내시오.

❶ ____

❷ ____

❸ ____

Chapter 3

수 만들기

7 숫자 카드 연산

대마왕팀과 대마법사팀이 주어진 숫자 카드 **4**장을 사용하여 조건에 맞는 수를 만드는 경기를 합니다. 각 팀이 조건에 맞는 두 자리 수를 모두 만든 다음, 만든 수들의 합을 구하여 더 큰 값이 나온 팀이 이기는 경기입니다.

대마왕팀과 대마법사팀이 만든 수를 모두 구하시오.

대마왕팀　☐ , ☐ , ☐ , ☐ , ☐ , ☐

대마법사팀　☐ , ☐ , ☐ , ☐ , ☐ , ☐

두 팀이 만든 수의 합을 각각 구하시오. 이긴 팀은 어느 팀입니까?

대마왕팀: ☐　　　　대마법사팀: ☐

주어진 숫자 카드를 한 번씩 사용하여 만들 수 있는 가장 큰 세 자리 수와 가장 작은 세 자리 수를 만들고, 두 수의 합 또는 차를 구하시오.

5 8 0 3

가장 큰 수 ☐

가장 작은 수 ☐

두 수의 합

9 6 7 4

가장 큰 수 ☐

가장 작은 수 ☐

두 수의 차

숫자 카드 1 , 2 , 4 를 사용하여 여러 가지 곱셈식과 나눗셈식을 만들 수 있습니다.

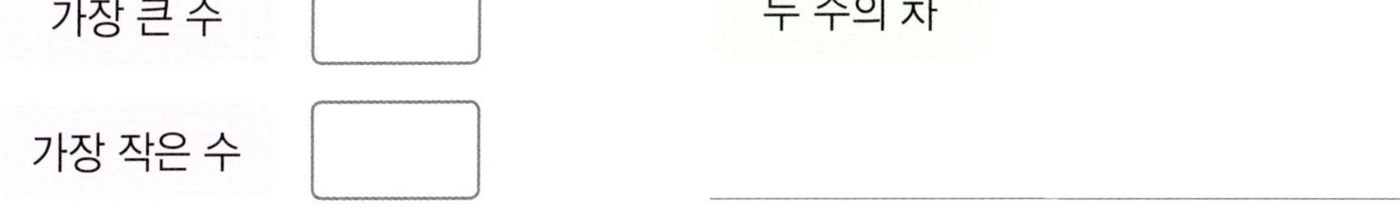

$12 \times 4 = 48$,　$14 \times 2 = 28$,　$21 \times 4 = 84$,

$24 \times 1 = 24$,　$41 \times 2 = 82$,　$42 \times 1 = 42$,

$12 \div 4 = 3$,　$14 \div 2 = 7$,　$24 \div 1 = 24$,　$42 \div 1 = 42$

숫자 카드 곱셈

초이는 다음 숫자 카드를 한 번씩 사용하여 네 번째 큰 두 자리 수와 두 번째 작은 두 자리 수를 만들려고 합니다. 초이가 만든 두 수의 곱을 구해 봅시다.

❶ 가장 큰 두 자리 수부터 네 번째 큰 두 자리 수까지 만들어 보시오.

가장 큰 수: ☐☐　　　두 번째 큰 수: ☐☐

세 번째 큰 수: ☐☐　　　네 번째 큰 수: ☐☐

❷ 가장 작은 수와 두 번째 작은 수를 만들어 보시오.

가장 작은 수: ☐☐

두 번째 작은 수: ☐☐

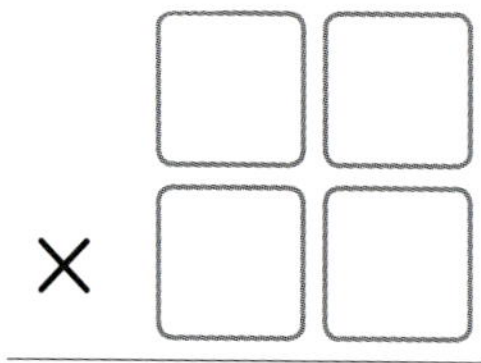

가장 작은 수를 만들 때 0이 어디에 들어가는지 생각해 봐.

❸ 네 번째 큰 수와 두 번째 작은 수로 곱셈식을 완성하고, 곱을 구하시오.

☐☐
× ☐☐

1 다음과 같은 **조건** 에 맞는 두 수 ㉠, ㉡이 있습니다. ㉠과 ㉡의 곱을 구하시오.

> **조건**
>
> ㉠은 십의 자리 숫자가 **5**인 두 자리 수 중 가장 큰 수입니다.
> ㉡은 각 자리 숫자의 합이 **3**인 두 자리 수 중 가장 작은 수입니다.

㉡의 십의 자리 숫자가
무엇인지 생각해 보렴.

2 다음 숫자 카드를 한 번씩 사용하여 만들 수 있는 모든 세 자리 수의 십의 자리
숫자를 모두 곱하면 얼마인지 구하시오.

2 0 9

십의 자리에 올 수 있는
숫자를 잘 살펴봐. 답이
바로 보이지?

숫자 카드 나눗셈

태경이는 회전판에서 수 2개를 골라 나누어떨어지는 나눗셈식을 만들려고 합니다. 태경이가 만든 식을 모두 계산하였을 때 나오는 몫의 합을 구해 봅시다.

❶ 나누는 수가 2인 나누어떨어지는 나눗셈식을 모두 만들고, 몫을 구하시오.

$$\boxed{} \div 2 = \boxed{} \qquad \boxed{} \div 2 = \boxed{} \qquad \boxed{} \div 2 = \boxed{}$$

❷ 나누는 수가 4와 6인 나누어떨어지는 나눗셈식을 모두 만들고, 몫을 구하시오.

$$\boxed{} \div 4 = \boxed{}$$

$$\boxed{} \div 6 = \boxed{}$$

나눌 수는 나누는 수보다 크거나 같아야 한단다. 그래서 나누는 수가 24인 식을 만들 수 없지.

❸ 몫의 합을 구하시오.

1 아인이와 지오는 자신이 가진 숫자 카드 중 3장을 사용하여 나머지가 가장 큰 나눗셈식을 만들었습니다. 두 사람이 만든 나눗셈식의 나머지를 각각 구하시오.

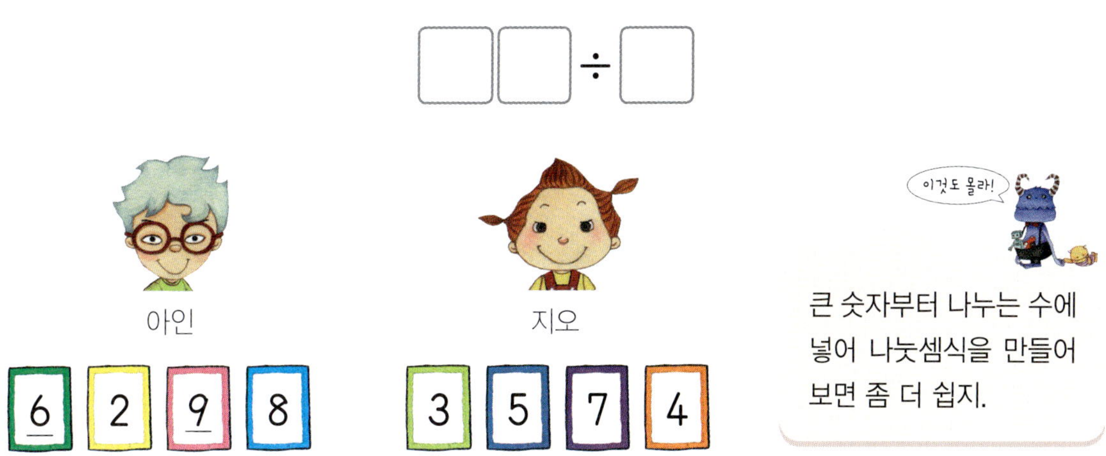

2 3부터 9까지의 수를 한 번씩 사용하여 몫이 가장 큰 식과 몫이 가장 작은 식을 각각 만들고, 몫의 곱을 구하시오. 단, 나누어떨어지는 나눗셈식을 만들어야 합니다.

몫이 가장 큰 식

☐☐ ÷ ☐ = ☐

몫이 가장 작은 식

☐☐ ÷ ☐ = ☐

8

가장 크게, 가장 작게

다음 숫자 카드를 태경, 지오, 아인, 초이가 들고 있는 식의 ☐ 안에 한 장씩 넣어 계산 결과가 가장 큰 식을 만들려고 합니다.

가장 큰 계산 결과가 나오도록 네 사람의 식에 숫자 카드를 넣어 식을 완성하시오. 가장 큰 계산 결과가 나오는 사람은 누구입니까?

태경: ☐ × ☐ × ☐ = ☐   지오: ☐ + ☐ + ☐ = ☐

아인: ☐☐ + ☐ = ☐   초이: ☐ × ☐☐ = ☐

숫자 카드의 순서를 바꾸어 만든 식이 있습니다. 숫자의 순서가 다른 식의 계산 결과를 각각 구하시오.

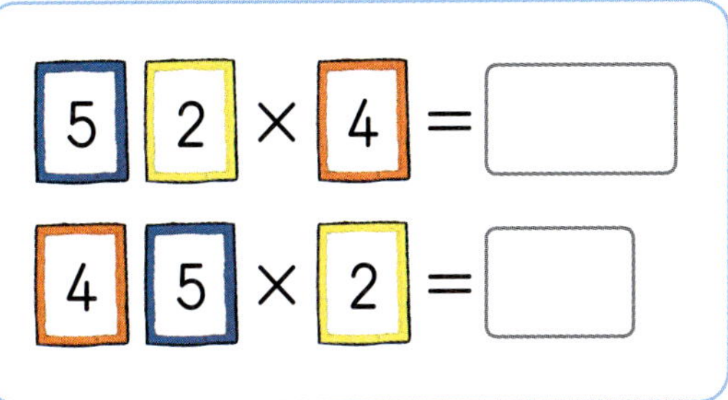

숫자의 크기를 이용하여 계산 결과가 큰 식을 만들 수 있습니다.

① 숫자 ㉠, ㉡, ㉢, ㉣의 크기가 ㉠＞㉡＞㉢＞㉣일 때 곱이 가장 큰 곱셈식을 만드는 방법은 다음과 같습니다.

② 더하는 수, 빼어지는 수, 곱하는 수, 나뉠 수가 클수록, 빼는 수와 나누는 수가 작을수록 식의 계산 결과가 커집니다.

가장 작은 값

다음 6장의 숫자 카드를 한 번씩 모두 사용하여 계산 결과가 가장 작은 세 자리수의 뺄셈식을 만들려고 합니다. ☐ 안에 들어갈 숫자를 구해 봅시다.

❶ 차가 가장 작은 식의 백의 자리에는 차가 가장 작은 두 수가 들어가야 합니다. 백의 자리에 들어갈 수 있는 숫자를 모두 골라 짝을 지어 나타내시오.

(1 , 2) , (☐ , ☐)

❷ ❶의 숫자를 백의 자리에 각각 놓고 남은 숫자를 사용하여 세 자리 수를 각각 만듭니다. 단, 빼어지는 수에는 가장 작은 두 자리 수를, 빼는 수에는 가장 큰 두 자리 수를 만들어 식을 완성합니다.

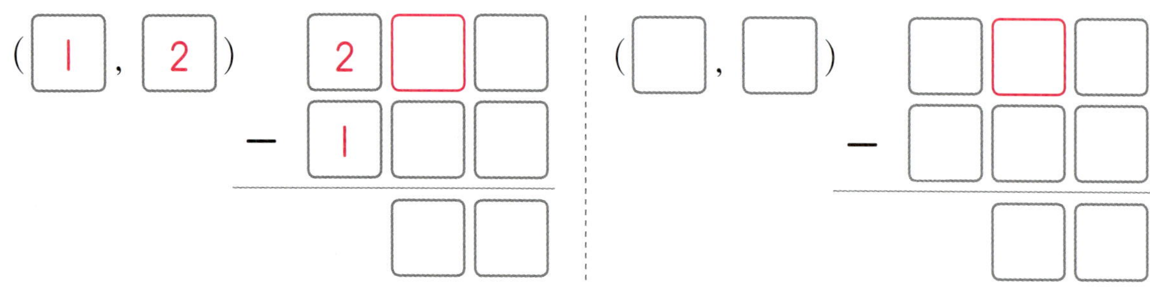

❸ ❷의 두 가지 식을 계산하시오. 더 작은 계산 결과가 나오는 식의 ☐ 안의 숫자는 무엇입니까?

1 | 부터 9까지의 수를 한 번씩 사용하여 계산 결과가 가장 작게 되도록 다음 식을 완성하고, 그 때의 계산 결과를 구하시오.

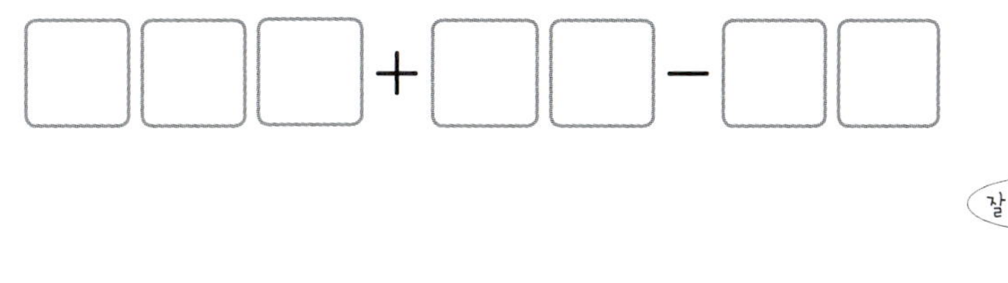

더하는 수와 빼어지는 수는 작을수록, 빼는 수는 클수록 계산 결과가 작아진단다.

2 수학 요정이 이야기하고 있는 두 조건을 만족하는 세 자리 수 ㉠, ㉡이 있습니다. 두 수의 차가 가장 작을 때의 ㉠, ㉡을 구하시오. 단, ㉠>㉡입니다.

가장 큰 값

아인이는 가지고 있는 네 장의 숫자 카드를 한 번씩 모두 사용하여 곱이 가장 큰 식을 만들었습니다. 아인이가 만든 식의 계산 결과를 구해 봅시다.

❶ 곱이 가장 크려면 곱하는 두 수가 커야 합니다. ㉠, ㉡ 에 들어갈 숫자는 무엇입니까? 단, ㉠>㉡입니다.

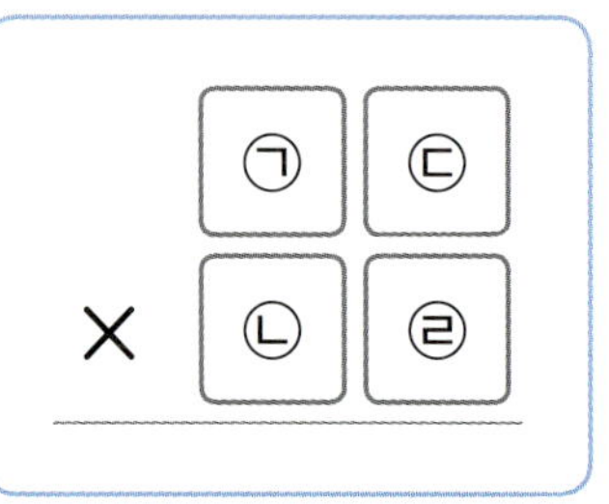

❷ ❶에서 사용하고 남은 숫자 카드 두 장을 ㉢, ㉣에 넣 는 두 가지 방법으로 다음 곱셈식을 완성하시오.

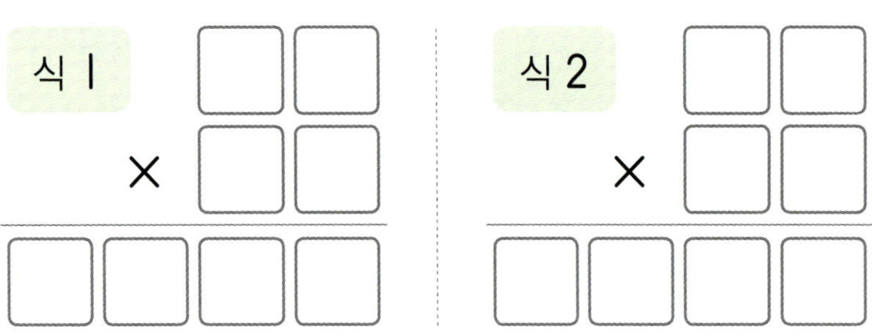

❸ ❷의 두 식의 계산 결과를 구하시오. 가장 큰 곱은 무엇입니까?

1 태경이와 초이는 다음과 같은 숫자 카드를 가지고 있습니다. 두 사람이 각자 두 자리 수끼리의 곱셈식을 만들려고 합니다. 더 큰 곱을 만들 수 있는 사람은 누구입니까?

2 1부터 8까지의 수를 한 번씩 사용하여 계산 결과가 가장 큰 식과 가장 작은 식을 각각 만들고, 그 때의 계산값을 구하시오. 단, 나누어떨어지는 식을 만들어야 합니다.

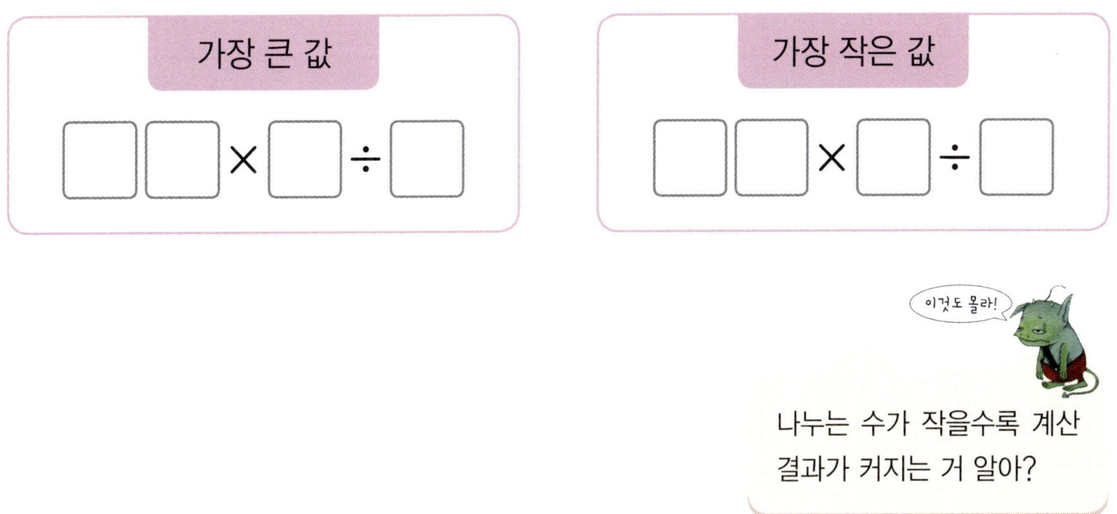

마법 세계에는 ⭐ 안의 수에 맞게 잠금 패턴을 풀면 열리는 금고가 있습니다. 색칠한 칸부터 시작하여 가로, 세로, 대각선 방향으로 5칸을 이동하며 차례로 계산한 결과가 ⭐ 안의 수와 같으면 잠금 패턴이 풀립니다.

$$3+5=8$$
$$8\times7=56$$

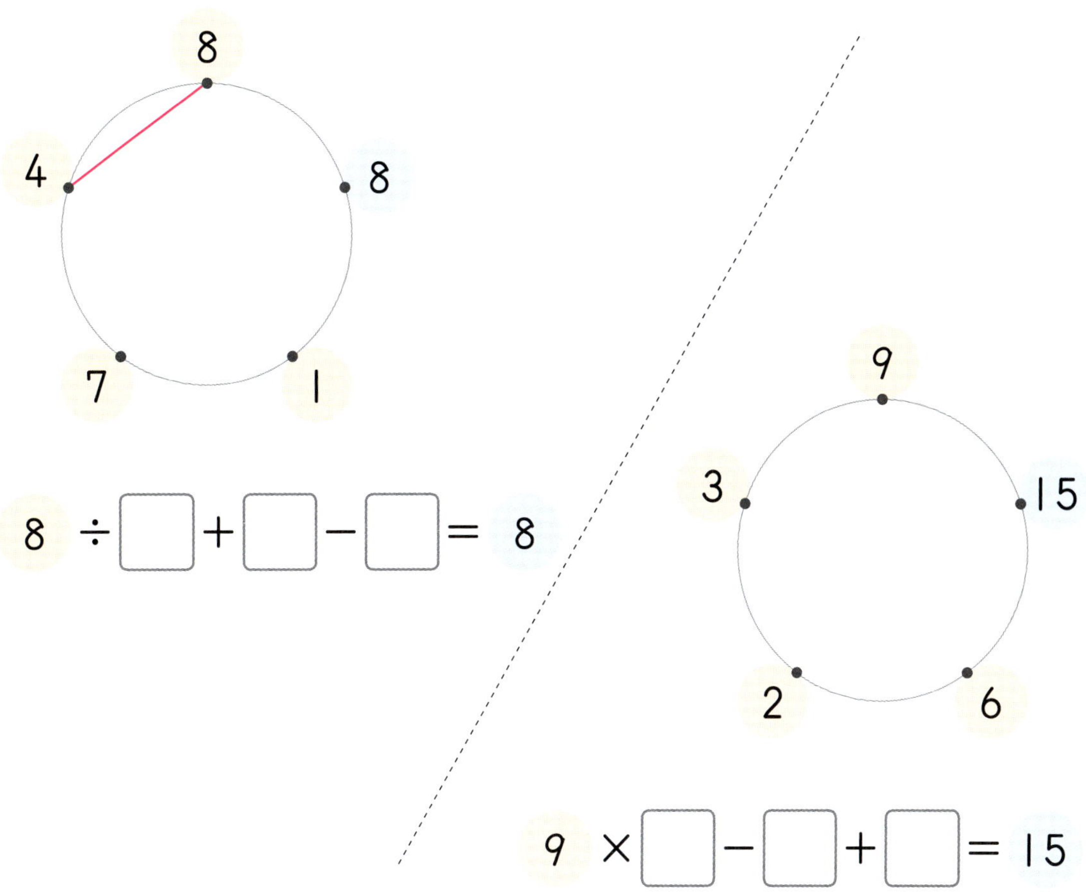

주어진 숫자와 ＋, －를 사용하여 목표수를 만들 수 있습니다.

① 숫자 사이에 모두 ＋를 넣었을 때의 계산 결과와 목표수의 차를 구합니다. 차의 반만큼을 빼서 목표수를 만들 수 있습니다.

$$1, 2, 3, 4$$로 목표수 4 만들기

$$1+2+3+4=10 \quad 10-4=6 \rightarrow 1+2-3+4=4$$

② 숫자 사이에 모두 연산기호를 넣지 않아도 되는 경우 이웃한 숫자로 두 자리 수, 세 자리 수를 만들어 사용합니다.

$$12-3-4=5$$

지오는 꼬마 요괴가 연산 기호를 모두 지워버린 식을 보았습니다. 식의 ○ 안에 ＋ 또는 －를 넣어 올바른 식을 만들어 봅시다.

지오

❶ 다음 식의 계산 결과가 가장 큰 값이 나오도록 ○ 안에 ＋ 또는 ─를 알맞게 넣으시오. 그 때의 계산값은 얼마입니까?

❷ ❶의 계산값과 10의 차는 □ 입니다. 계산 결과가 10이 되려면 빼는 수의 합이 얼마가 되어야 합니까?

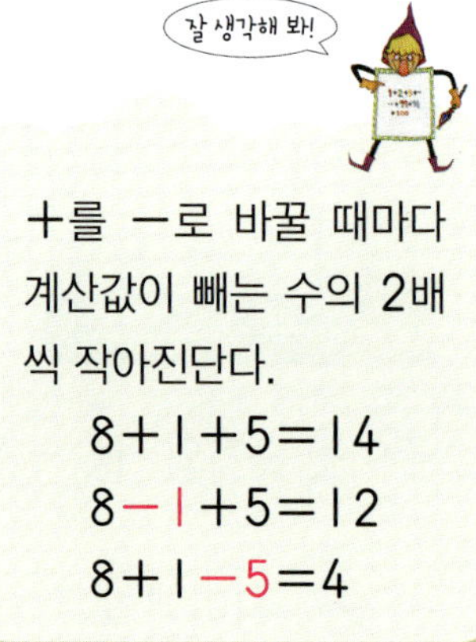

❸ 빼는 수의 합이 ❷에서 구한 수가 되도록 식의 ○ 안에 ＋ 또는 ─를 넣어 올바른 식을 만드시오.

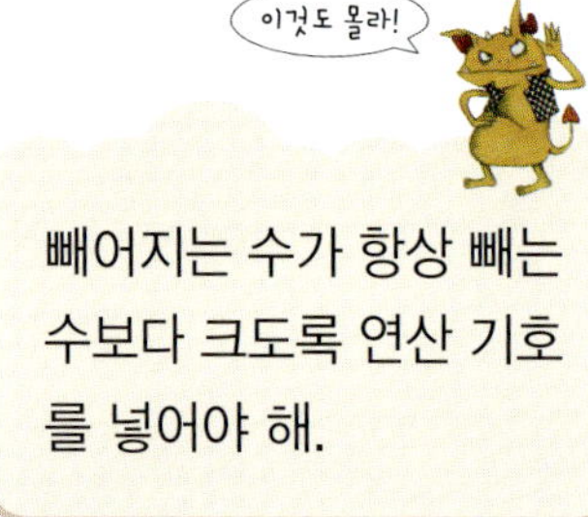

1 다음 ○ 안에 ＋ 또는 ー를 써넣어 올바른 식을 만드시오.

$$1 \bigcirc 2 \bigcirc 3 \bigcirc 4 \bigcirc 5 \bigcirc 6 \bigcirc 7 = 6$$

1＋2＋3＋4＋5＋6＋7은 얼마일까? 빼는 수의 합이 얼마이면 6이 될까?

2 주머니 안에 숫자 구슬과 연산 기호 구슬이 있습니다. 구슬을 모두 한 번씩 사용하여 계산 결과가 34인 식을 만드시오.

한 식에 ＋, ー, ×, ÷가 모두 있는 경우 ×, ÷부터 먼저 계산해야 한단다.

수 만들기

자동차 번호판은 4개의 숫자로 이루어져 있습니다. 보기 와 같이 번호판의 4개의 숫자와 $+$, $-$, $\times$, $\div$를 사용하여 ○안의 수를 만들어 봅시다. 단, 숫자는 모두 사용해야 하며, 연산 기호는 모두 사용하지 않아도 됩니다.

보기

1645

18    $6 \times 4 - 5 - 1 = 18$

5    $15 - 6 - 4 = 5$

① 9650

3

0

② 3068

10

3

③ 2757

7

11

1 주어진 숫자 카드를 모두 한 번씩 사용하여 다음 식을 완성하시오.

❶

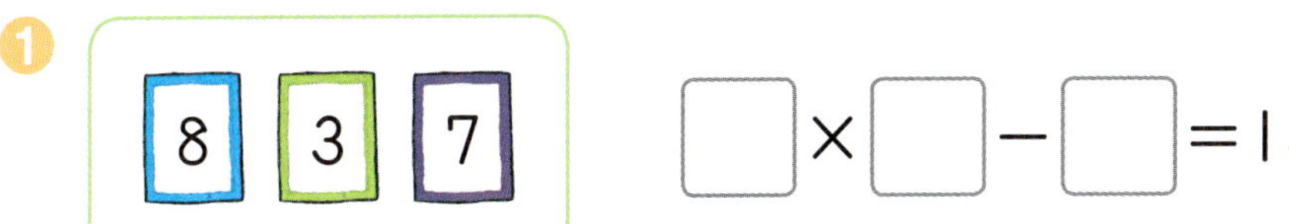

$$\square \times \square - \square = 13$$

❷

$$\square \div \square + \square = 6$$

2 회전판의 숫자를 모두 한 번씩 사용하여 계산 결과가 10이 되는 식 2개를 만드시오.

$$\underline{\hspace{6cm}} = 10$$

$$\underline{\hspace{6cm}} = 10$$

숫자 2개를 사용하여 두 자리 수를 만들 수도 있단다.

1 다음과 같은 공 5개를 상자 안에 넣고 손을 넣어 공을 2개씩 꺼냅니다. 꺼낸 공의 수를 더하여 새로운 수를 만든다고 할 때, 만들 수 있는 새로운 수의 합을 구하시오.

2 한 자리 수를 한 번씩 사용하여 다음과 같은 곱셈식을 만들었습니다. 곱이 가장 클 때, 만든 두 자리 수의 차를 구하시오.

$$\square\square \times \square\square$$

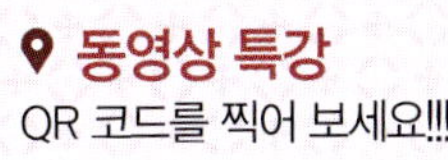

3 다음 숫자 카드를 한 번씩 사용하여 두 자리 수 4개를 만들었습니다. 네 수의 합이 홀수일 때, 합이 될 수 있는 가장 큰 값을 구하시오.

4 네 명의 아이들이 말하는 수를 한 번씩 모두 사용하여 계산값이 30인 식을 만드시오.

복면산과 벌레 먹은 셈

덧셈 복면산

유명한 퍼즐리스트인 헨리 듀드니는 1924년 퍼즐 잡지 〈Strand Magazine〉에
다음과 같은 문제를 실었습니다.

헨리 듀드니는 잡지사에 원고료를 올려 달라는 요구를 문제로 나타낸 것입니다.
이 문제에서 같은 알파벳은 같은 숫자, 다른 알파벳은 다른 숫자를 나타냅니다.
몇 개의 알파벳을 숫자로 나타낸 다음 식을 보고, 나머지 알파벳이 나타내는 숫자
를 모두 찾아 식을 완성하시오.

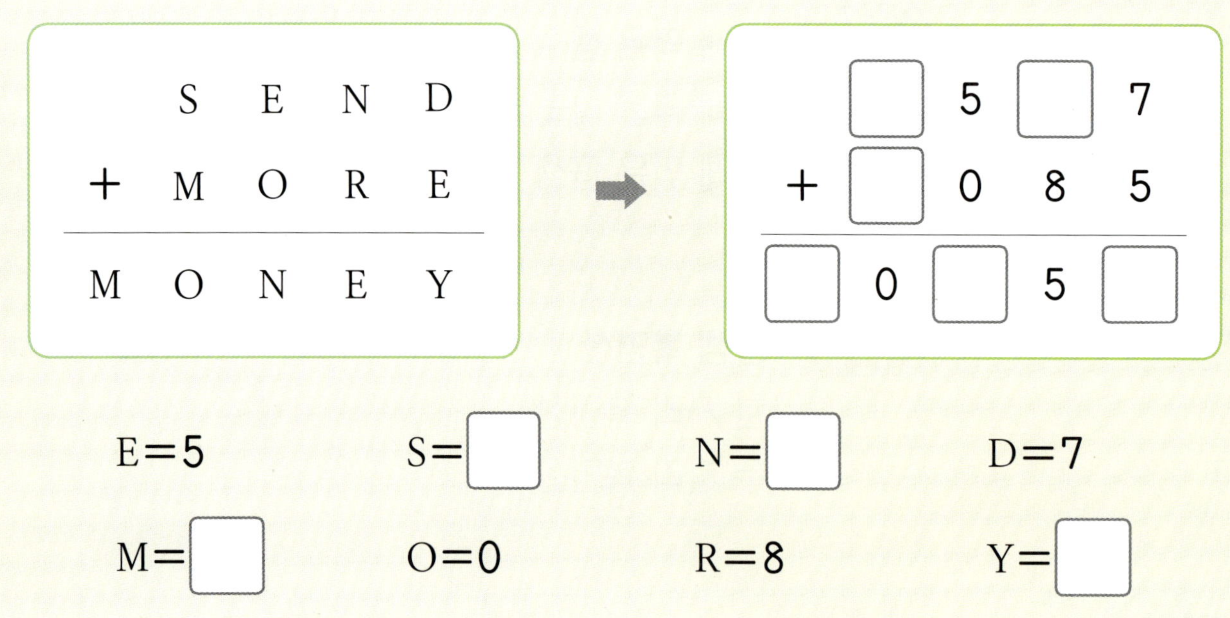

E=5   S=☐   N=☐   D=7

M=☐   O=0   R=8   Y=☐

다음 덧셈식에서 같은 색 구슬은 같은 숫자, 다른 색 구슬은 다른 숫자를 나타냅니다. □ 안에 알맞은 수를 써넣으시오.

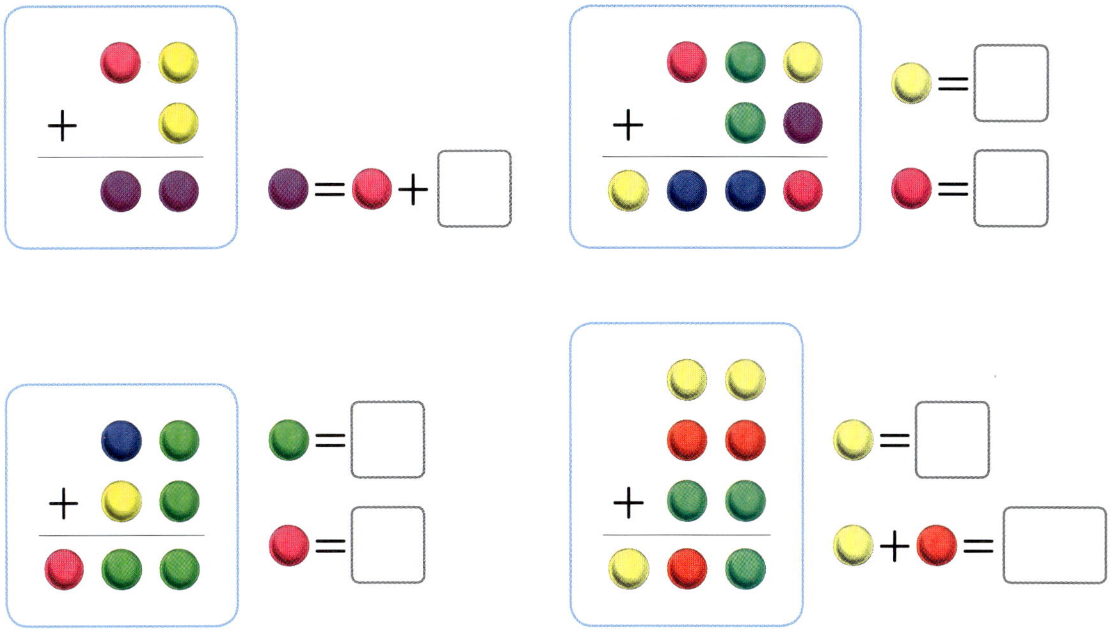

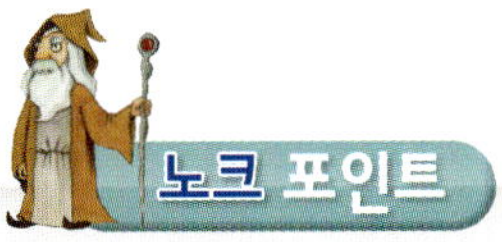

식을 이루는 숫자의 일부나 전부를 문자 또는 모양으로 나타낸 식을 복면산이라고 하며, 복면산에서 같은 문자와 모양은 같은 숫자, 다른 문자와 모양은 다른 숫자를 나타냅니다.

복면산으로 나타낸 덧셈식을 풀 때에는 계산 결과의 가장 높은 자리 숫자부터 생각합니다.

	가	나
+	다	나
라	나	나

① 받아올림을 생각하여 라=1입니다.
② 나+나=나이므로 나=0입니다.
③ 가+다=10입니다.

다음 덧셈식에서 같은 알파벳은 같은 숫자, 다른 알파벳은 다른 숫자를 나타냅니다. 각 알파벳이 나타내는 숫자를 구해 봅시다.

$$
\begin{array}{r}
A\ B\ C \\
+\quad B\ D \\
\hline
C\ E\ E\ A
\end{array}
$$

❶ A와 C가 나타내는 숫자를 찾아 오른쪽 식의 A와 C의 자리에 모두 써넣으시오.

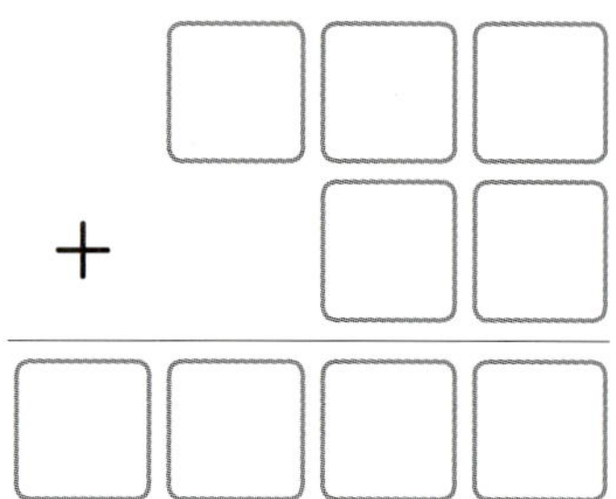

❷ E가 나타내는 숫자를 찾아 ❶ 식의 E의 자리에 모두 써넣으시오.

❸ D와 B가 나타내는 숫자를 차례로 구하여 ❶ 식의 D, B의 자리에 모두 써넣으시오.

❹ 올바른 식인지 확인하고, 각 알파벳이 나타내는 숫자를 쓰시오.

1 다음 덧셈식에서 같은 도형은 같은 숫자, 다른 도형은 다른 숫자를 나타냅니다.
각 도형이 나타내는 숫자를 각각 구하시오.

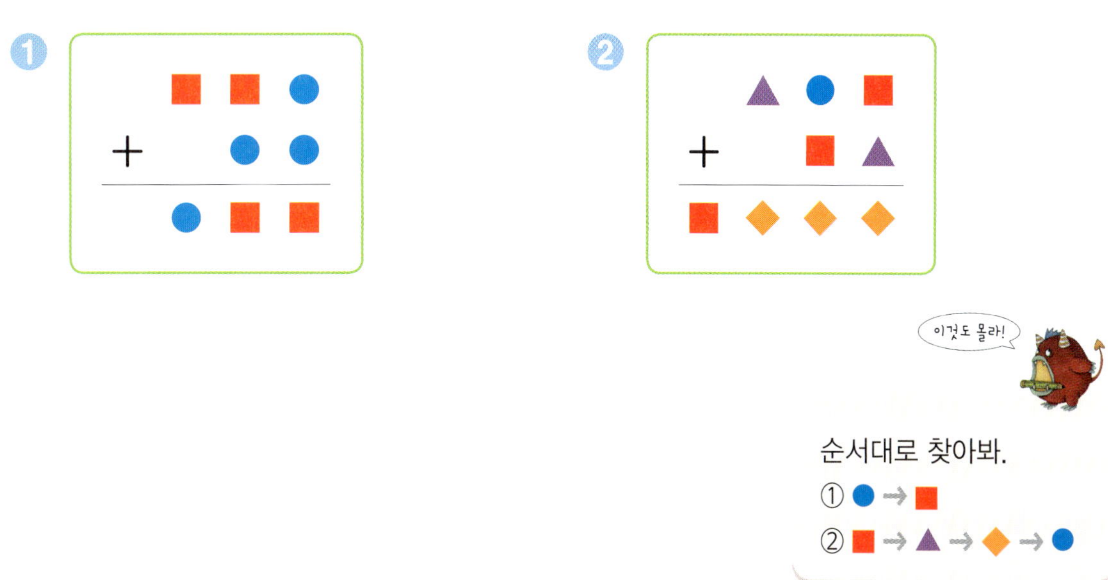

[카드 복면산]

2 같은 색 카드에는 같은 숫자, 다른 색 카드에는 다른 숫자가 쓰여 있습니다. 다음
□에 알맞은 숫자를 모두 쓰시오.

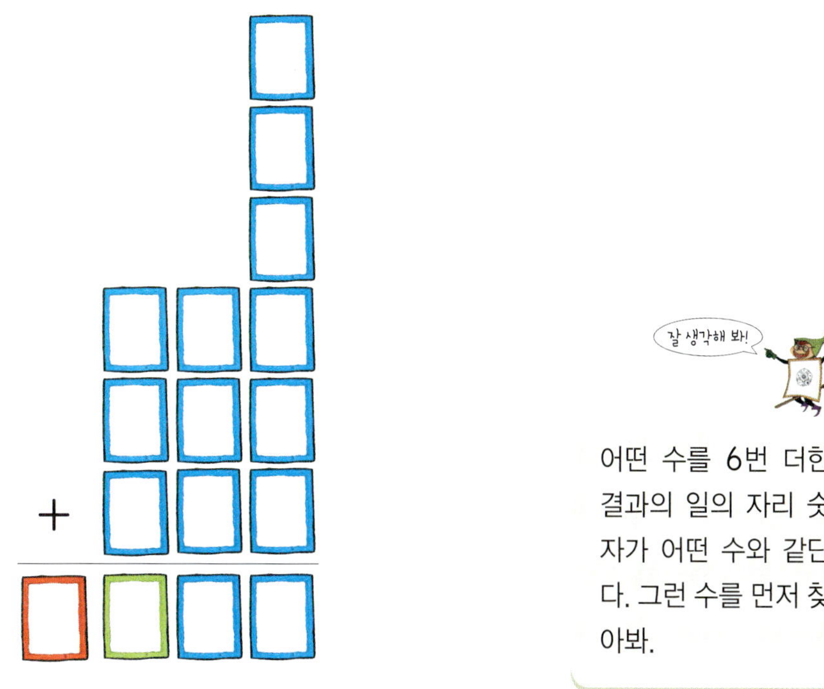

가정하여 해결하기

다음 덧셈식에서 같은 알파벳은 같은 숫자, 다른 알파벳은 다른 숫자를 나타냅니다. 각 알파벳이 나타내는 숫자를 구해 봅시다.

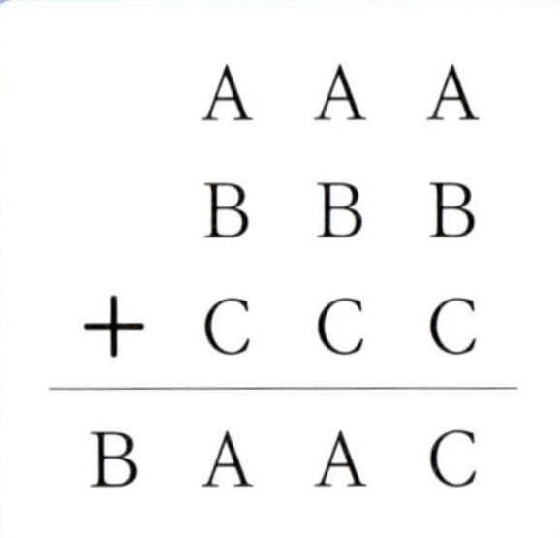

❶ B가 나타내는 숫자가 될 수 있는 숫자를 모두 쓰시오.

❷ ❶에서 구한 B가 나타내는 숫자에 맞게 A, C가 나타내는 숫자를 완성할 수 있는 경우를 찾아 식을 완성하시오.

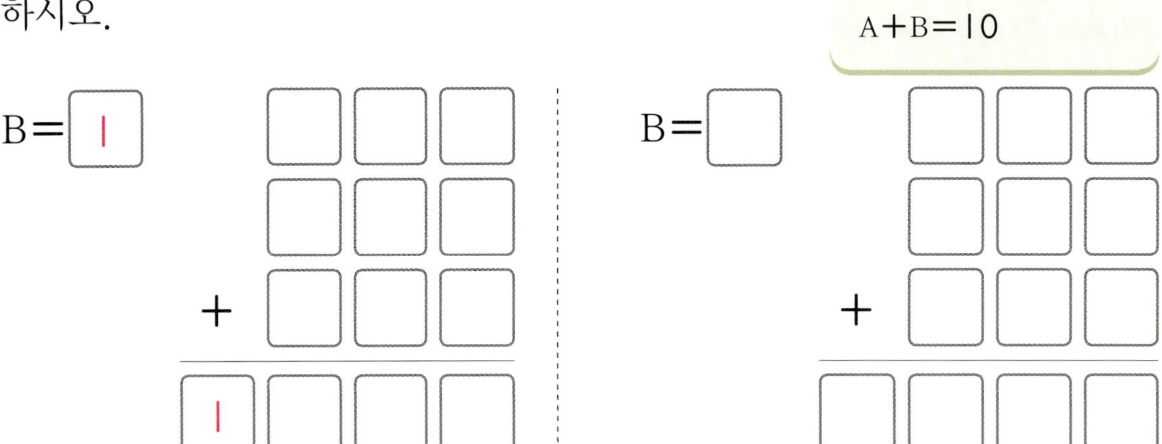

❸ ❷의 식 중 올바른 덧셈식을 찾아 그 식을 만족하는 A, B, C를 쓰시오.

1 다음 덧셈 복면산에서 '**가**'가 나타내는 숫자를 각각 구하시오.

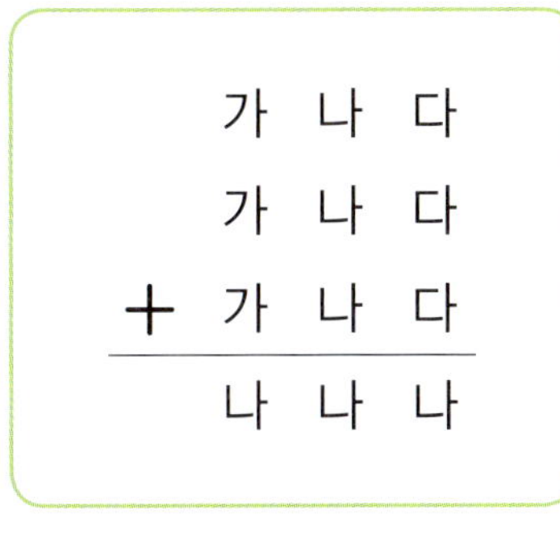

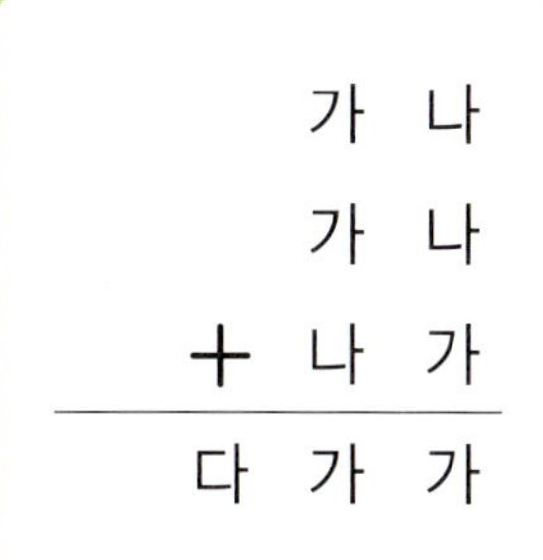

가: ☐

가: ☐

2 다음 덧셈식에서 같은 요괴는 같은 숫자, 다른 요괴는 다른 숫자를 나타냅니다.
각 요괴가 나타내는 숫자의 합이 가장 큰 경우의 합을 구하시오.

11 벌레 먹은 셈

김씨가 인삼 가게를 찾아갔습니다.

김씨는 청나라에 가서 인삼을 모두 팔고 난 후 다시 인삼 가게를 찾았습니다. 인삼 가게 주인은 오래된 외상장부를 가지고 나왔습니다.

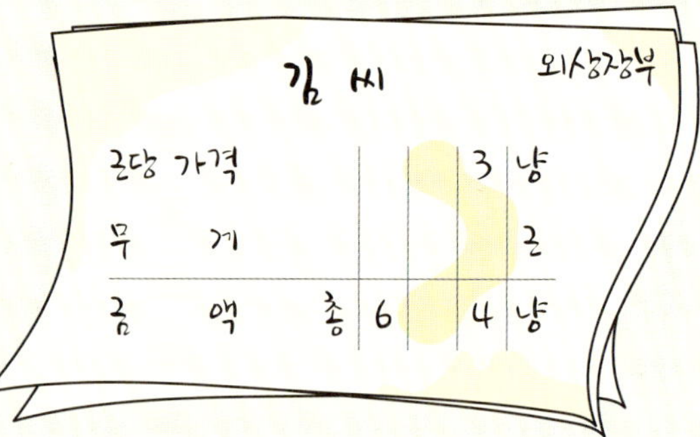

□ 안에 알맞은 수를 넣어 얼룩진 장부를 복원해 봅시다.

김씨가 갚아야 될 인삼 값은 몇 냥입니까?

두 수의 합과 차가 다음과 같습니다. 두 수를 각각 구하시오.

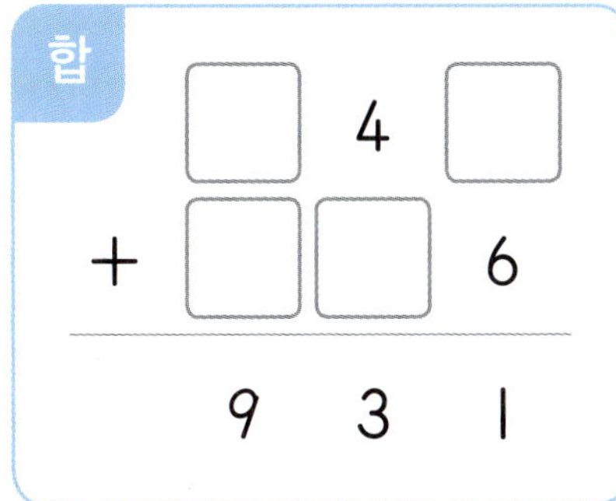

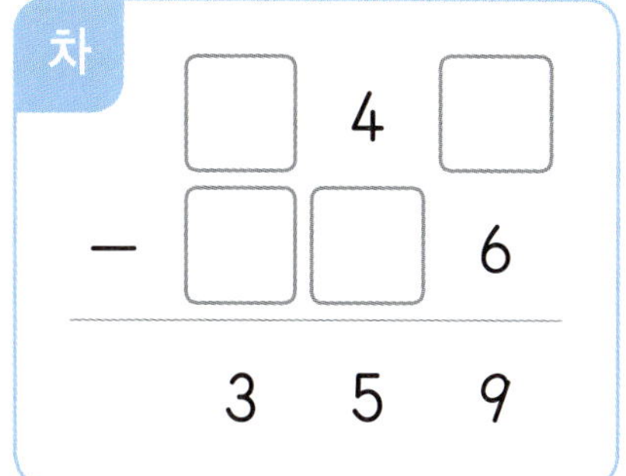

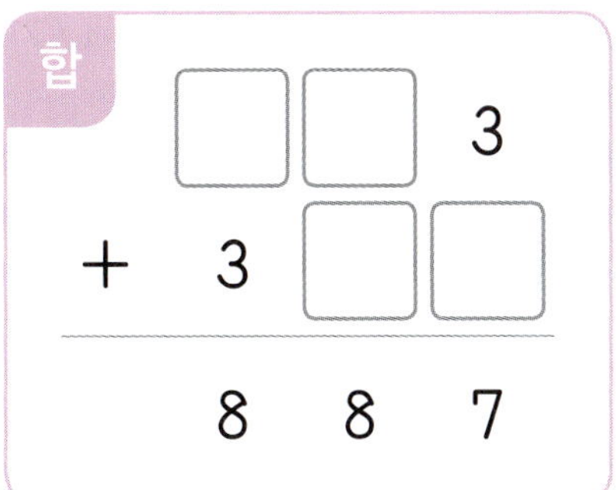

벌레 먹은 셈은 오른쪽과 같이 식을 이루는 숫자의 일부나 전체가 지워져 보이지 않는 식을 이야기합니다. 식의 지워진 모습이 벌레가 종이를 먹은 모습과 비슷하다고하여 이름 붙여졌습니다.

$$\begin{array}{r} 4 \\ \times\ \ \\ \hline 2 \end{array}$$

① 벌레 먹은 덧셈식은 덧셈과 뺄셈의 관계와 받아올림을 생각하여 복원합니다.
② 벌레 먹은 뺄셈식은 덧셈과 뺄셈의 관계와 받아내림을 생각하여 복원합니다.
③ 벌레 먹은 곱셈식은 곱의 일의 자리 숫자와 받아올림을 생각하여 복원합니다.
④ 벌레 먹은 나눗셈식은 곱셈과 나눗셈의 관계를 생각하여 복원합니다.
⑤ 벌레 먹은 식을 복원한 후 완성된 식이 옳은지 반드시 확인합니다.

벌레 먹은 나눗셈

꼬마 요괴가 나눗셈식에서 숫자 몇 개를 지워버렸습니다. 다음 ☐ 안에 알맞은 수를 넣어 식을 복원해 봅시다.

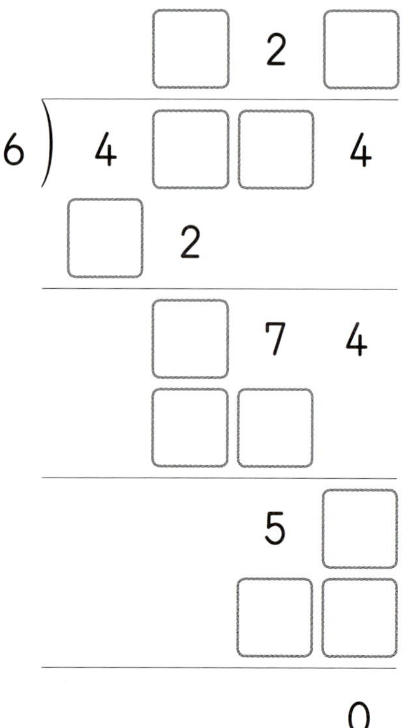

❶ ☐, ☐, ☐ 순서대로 ☐ 안에 수를 넣어가며 위 식을 복원하시오.

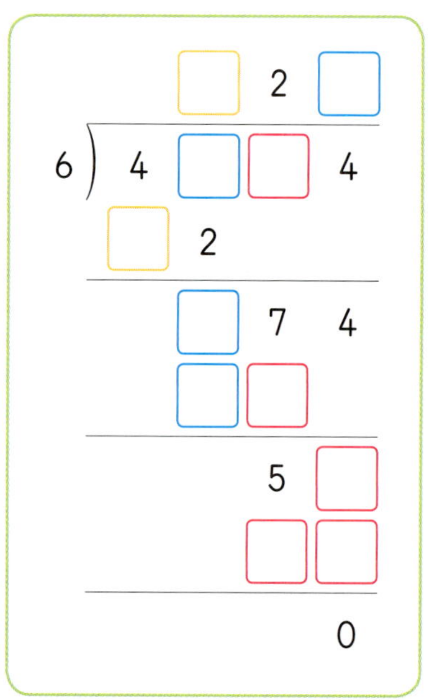

❷ 복원한 식이 올바른지 확인합니다.

1 다음 ☐ 안에 알맞은 수를 넣어 식을 복원하시오.

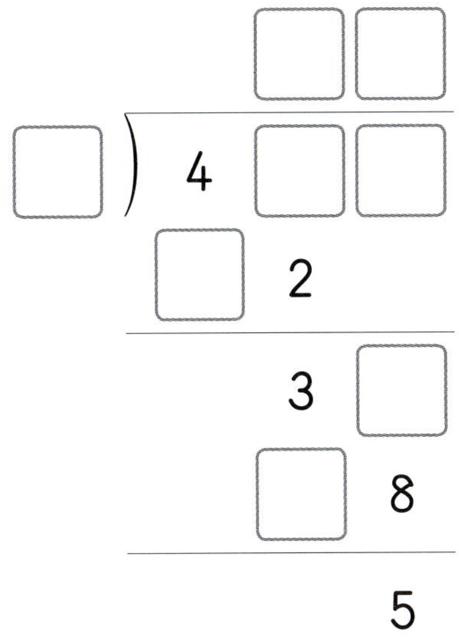

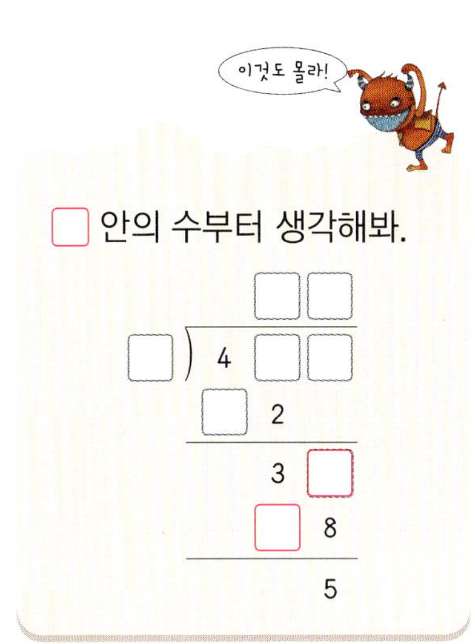

2 다음 벌레 먹은 나눗셈식을 복원하였을 때, 나뉠 수가 될 수 있는 수를 모두 구하시오.

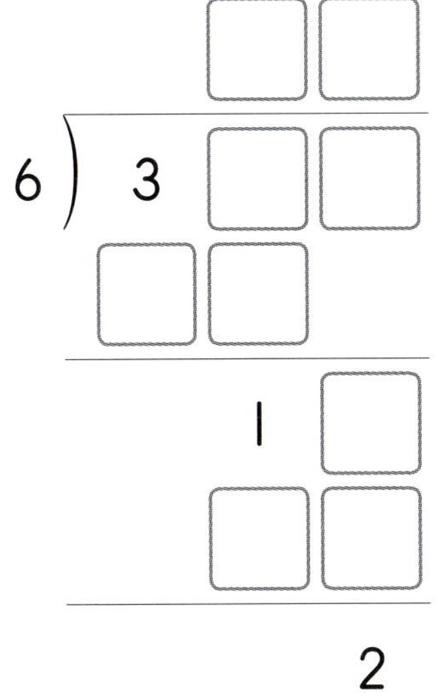

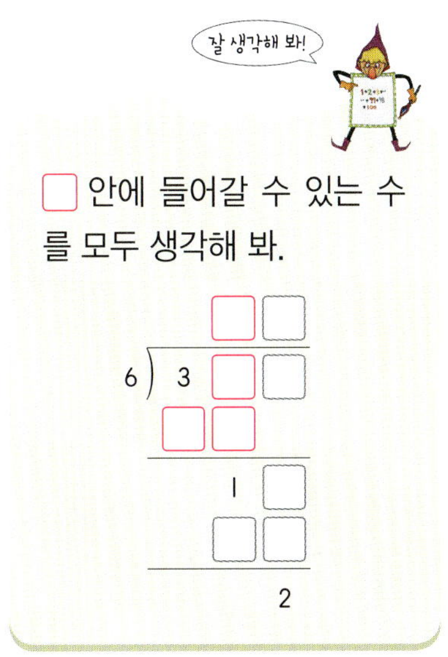

벌레 먹은 곱셈

다음 ☐ 안에 알맞은 수를 넣어 곱셈식을 복원해 봅시다.

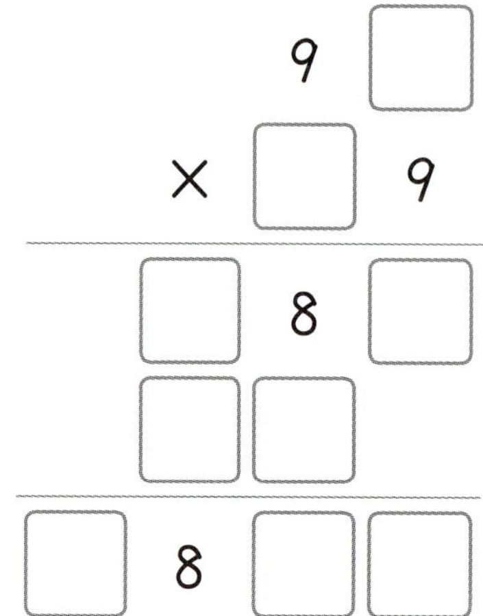

❶ 오른쪽 ☐에 알맞은 수를 위 식의 같은 자리에 써넣으시오.

❷ 다음 식을 보고 ☐ 안에 알맞은 수를 모두 찾고, 위 식의 같은 자리에 써넣으시오.

$$9\,ⓐ \times 9 = ☐\,8\,☐$$

$$9\,ⓐ \times ⓑ = ☐\,☐$$

❸ 받아올림을 생각하여 ☐ 안에 알맞은 수를 찾고, 위 식의 같은 자리에 써넣으시오.

❹ 남은 ☐ 안에 알맞은 숫자를 모두 써넣어 벌레 먹은 곱셈식을 완성하시오.

1 다음 ☐ 안에 알맞은 수를 넣어 곱셈식을 복원하시오.

❶

```
          2  ☐
    ×     ☐  8
    ─────────────
       ☐  1  6
    2  1  ☐
    ─────────────
    ☐  3  ☐  ☐
```

❷

```
          9  ☐
    ×     ☐  ☐
    ─────────────
       ☐  9  ☐
    ☐  ☐  ☐
    ─────────────
    7  ☐  2  1
```

[두 가지] 곱셈식

2 벌레 먹은 곱셈식을 두 가지 방법으로 복원하
시오.

곱의 일의 자리 숫자가 4인 두
수의 곱을 먼저 생각해 봐.

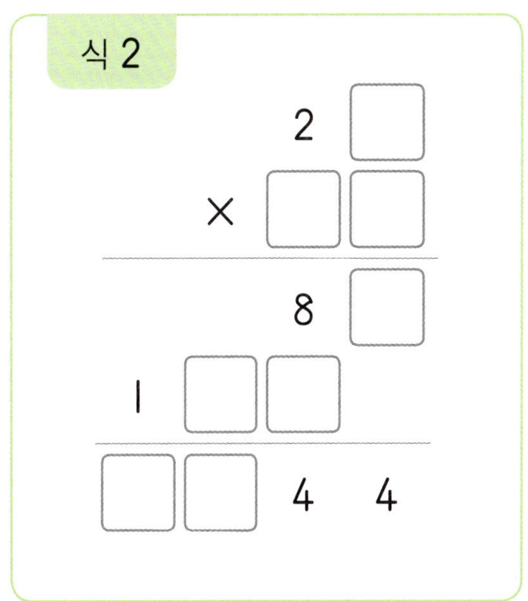

식 1

```
          2  ☐
    ×     ☐  ☐
    ─────────────
          8  ☐
    1  ☐  ☐
    ─────────────
    ☐  ☐  4  4
```

식 2

```
          2  ☐
    ×     ☐  ☐
    ─────────────
          8  ☐
    1  ☐  ☐
    ─────────────
    ☐  ☐  4  4
```

12 곱셈 복면산

태경이는 곱셈 복면산식 2개가 적혀 있는 종이를 받았습니다. 복면산의 각 도형이 나타내는 숫자가 적힌 공만 상자에서 꺼내면 태경이는 게임을 통과할 수 있습니다. 단, 필요한 공을 정확한 개수만큼 꺼내야 합니다.

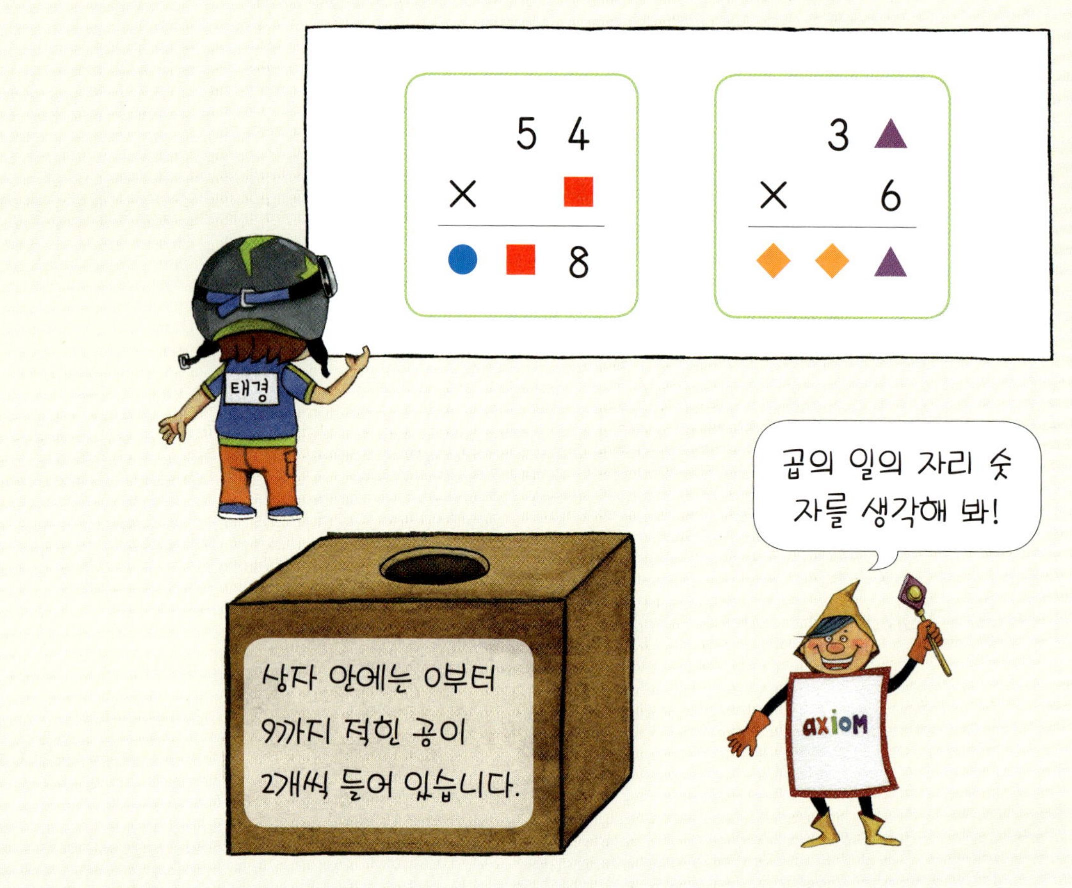

다음 표의 빈칸에 태경이가 필요한 공의 개수를 쓰시오.

0	1	2	3	4	5	6	7	8	9

곱의 일의 자리 숫자를 보고 🟡가 나타내는 숫자가 될 수 있는 숫자를 모두 쓰
시오.

다음을 만족하는 곱셈식을 모두 쓰시오. 단, 🟡과 🟣은 모두 1도 아니고, 5도
아닙니다.

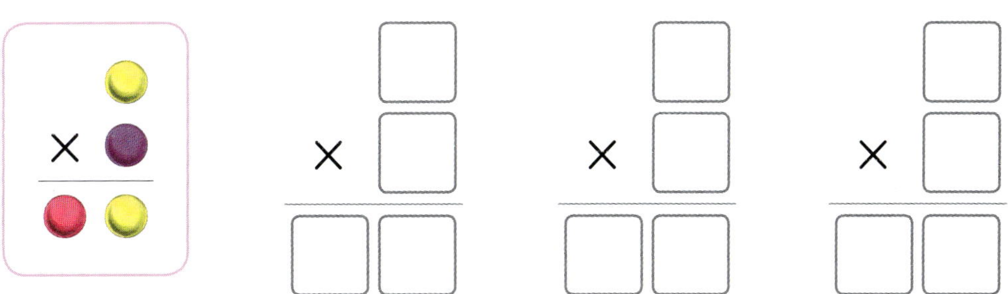

곱셈 복면산은 곱의 일의 자리 숫자를 이용하여 해결합니다.

$$\begin{array}{r} 가 \\ \times\ 가 \\ \hline 나\ 가 \end{array}$$
가는 5 또는 6입니다.

$$\begin{array}{r} 가 \\ \times\ 가 \\ \hline 나\ 다 \end{array}$$
가는 4, 7, 8, 9 중 하나입니다.

$$\begin{array}{r} 가 \\ \times\ 나 \\ \hline 다\ 가 \end{array}$$
가는 2, 4, 5, 8 중 하나입니다.

한 자리 복면산

두 카드 요정이 가진 식에서 같은 도형은 같은 숫자, 다른 도형은 다른 숫자를 나타냅니다. 두 카드 요정 중 계산 결과가 더 큰 식을 가진 요정을 찾아봅시다.

파스칼 요정　　　　　페르마 요정

❶ 파스칼 요정의 식에서 곱의 일의 자리만 보고 ●가 될 수 있는 숫자를 모두 쓰시오.

❷ 파스칼 요정의 식의 ●에 ❶에서 구한 숫자를 넣었을 때, 올바른 식을 만들 수 있는 ●는 무엇입니까? 또한, 그 때의 ■는 얼마입니까?

❸ ❷에서 찾은 ●와 ■를 페르마 요정의 식에 넣어 ▲와 ◆를 구하시오.

❹ 두 요정의 계산 결과는 얼마입니까? 계산 결과가 더 큰 식을 가진 요정을 쓰시오.

1 다음 곱셈식에서 같은 알파벳은 같은 숫자, 다른 알파벳은 다른 숫자를 나타냅니다. 각 알파벳이 나타내는 숫자를 구하시오.

2 같은 모양은 같은 숫자, 다른 모양은 다른 숫자를 나타냅니다. 각 도형이 나타내는 숫자를 모두 구하시오.

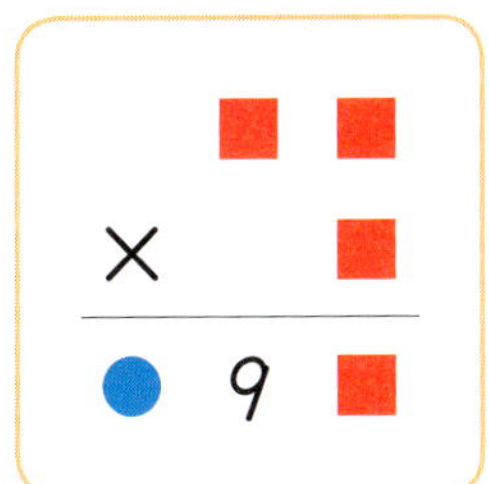

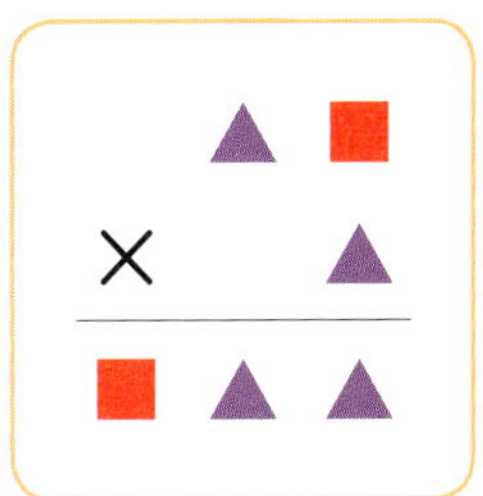

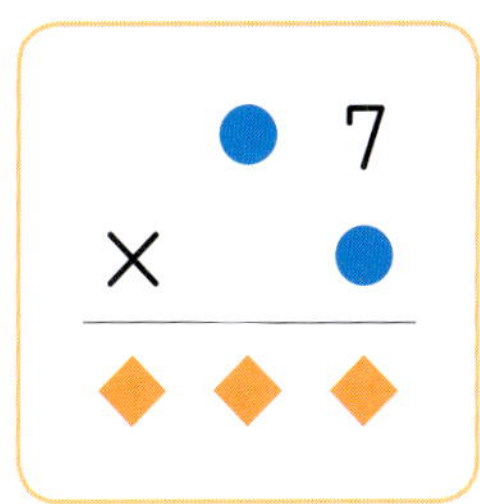

다음 곱셈식에서 같은 알파벳은 같은 숫자, 다른 알파벳은 다른 숫자를 나타냅니다.
D가 나타내는 숫자를 구해 봅시다.

$$
\begin{array}{r}
A\ B \\
\times\ A\ B \\
\hline
C\ B \\
A\ B \\
\hline
D\ D\ B
\end{array}
$$

❶ 오른쪽 ②의 계산에서 A가 나타내는 숫자를 쓰시오.

② $AB \times A = AB$

❷ ①의 계산식에서 B가 될 수 있는 숫자를 모두 쓰시오.

① $AB \times B = CB$

$$
\begin{array}{r}
A\ B \\
\times\ A\ B \\
\hline
C\ B\ \leftarrow① \\
A\ B\quad\ \leftarrow② \\
\hline
D\ D\ B
\end{array}
$$

❸ ❶, ❷에서 구한 A와 B가 나타내는 숫자에 맞게 식을 쓰고 계산하시오.

B=☐

B=☐

❹ ❸의 두 개의 식 중 복면산에 맞는 식을 찾아 알파벳이 나타내는 숫자를 쓰시오.

1 곱셈식에서 같은 도형은 같은 숫자, 다른 도형은 다른 숫자를 나타냅니다. 각 도형이 나타내는 숫자의 합을 구하시오.

순서대로 도형이 나타내는 숫자를 찾아보렴.

2 곱셈식에서 같은 도형은 같은 숫자, 다른 도형은 다른 숫자를 나타냅니다. 각 도형이 나타내는 숫자를 찾아 식을 완성하시오.

❶ $AA \times AA = BCB$

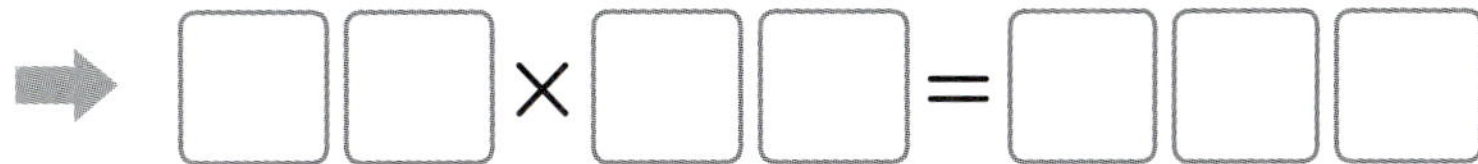

❷ $AAA \times AA = ABBA$

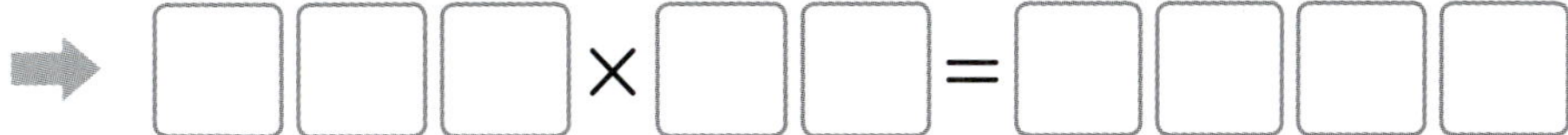

창의적 문제해결력

1 두 수의 합과 곱이 다음과 같습니다. 같은 도형은 같은 숫자, 다른 도형은 다른 숫자를 나타낸다고 할 때, 각 도형이 나타내는 숫자를 구하시오. (단, ●는 ■보다 작습니다.)

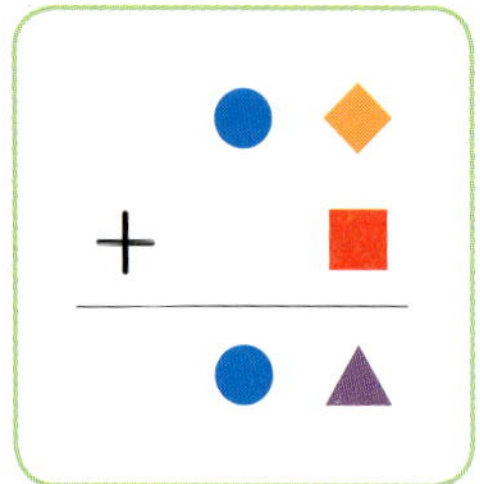 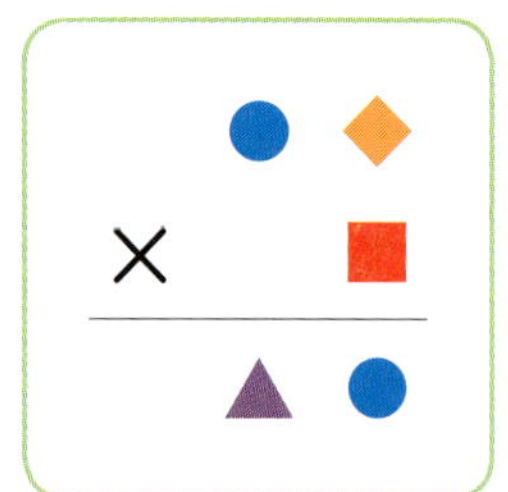

2 다음 식에서 같은 알파벳은 같은 숫자를 나타냅니다. ☐ 안에 알맞은 수를 넣어 식을 완성하시오.

3 다음 식에서 같은 알파벳은 같은 숫자, 다른 알파벳은 다른 숫자를 나타냅니다. 계산 결과가 될 수 있는 수를 모두 구하시오.

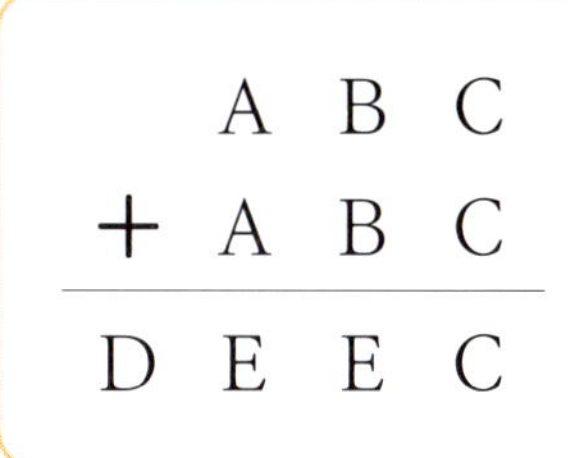

$$
\begin{array}{r}
\mathrm{A\ B\ C} \\
+\ \mathrm{A\ B\ C} \\
\hline
\mathrm{D\ E\ E\ C}
\end{array}
$$

4 같은 글자는 같은 숫자, 다른 글자는 다른 숫자를 나타낼 때, ☐ 안에 알맞은 수를 넣어 식을 완성하시오.

$$
\begin{array}{r}
\text{가} \quad \text{나} \\
\times \quad \text{나} \quad \text{가} \\
\hline
\square \quad \square \quad 4 \\
\square \quad 4 \quad 4 \\
\hline
\square \quad \square \quad \square \quad 4
\end{array}
$$

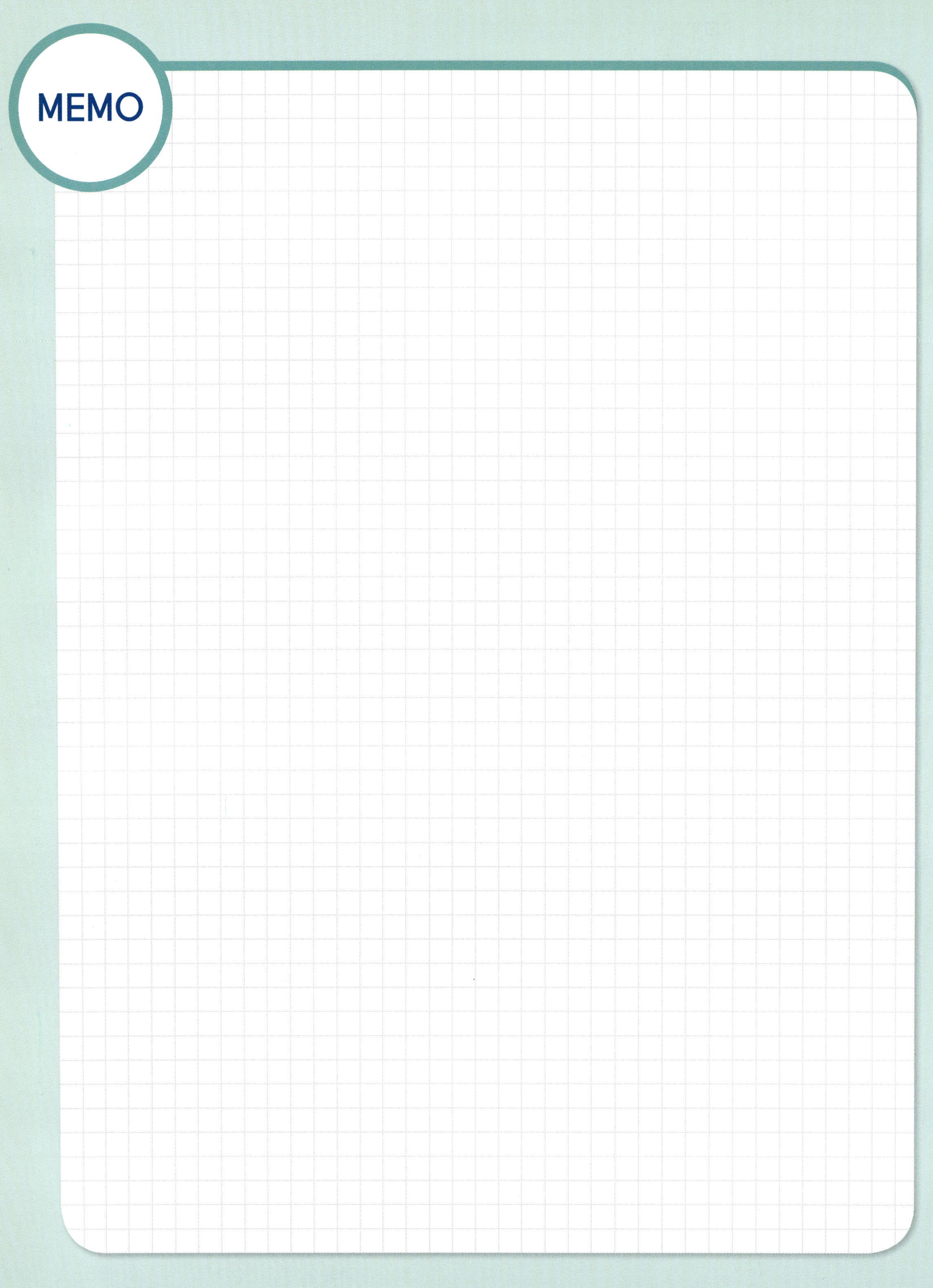